MORFOLOGIA
PARA A EDUCAÇÃO BÁSICA

apoio ao professor, complemento ao livro didático

Conselho Acadêmico
Ataliba Teixeira de Castilho
Carlos Eduardo Lins da Silva
Carlos Fico
Jaime Cordeiro
José Luiz Fiorin
Magda Soares
Tania Regina de Luca

Proibida a reprodução total ou parcial em qualquer mídia
sem a autorização escrita da editora.
Os infratores estão sujeitos às penas da lei.

A Editora não é responsável pelo conteúdo deste livro.
O Autor conhece os fatos narrados, pelos quais é responsável,
assim como se responsabiliza pelos juízos emitidos.

Consulte nosso catálogo completo e últimos lançamentos em **www.editoracontexto.com.br**.

Celso Ferrarezi Junior

MORFOLOGIA
PARA A EDUCAÇÃO BÁSICA
apoio ao professor, complemento ao livro didático

Copyright © 2022 do Autor

Todos os direitos desta edição reservados à
Editora Contexto (Editora Pinsky Ltda.)

Montagem de capa e diagramação
Gustavo S. Vilas Boas

Preparação de textos
Daniela Marini Iwamoto

Revisão
Lilian Aquino

Dados Internacionais de Catalogação na Publicação (CIP)

Ferrarezi Junior, Celso
Morfologia para a educação básica : apoio ao professor,
complemento ao livro didático / Celso Ferrarezi Junior. –
São Paulo : Contexto, 2022.
240 p. : il.

Bibliografia
ISBN 978-65-5541-192-8

1. Língua portuguesa – Morfologia 2. Educação básica
I. Título

22-5673 CDD 415

Angélica Ilacqua – Bibliotecária – CRB–8/7057

Índice para catálogo sistemático:
1. Língua portuguesa – Morfologia

2022

EDITORA CONTEXTO
Diretor editorial: *Jaime Pinsky*

Rua Dr. José Elias, 520 – Alto da Lapa
05083–030 – São Paulo – SP
PABX: (11) 3832 5838
contato@editoracontexto.com.br
www.editoracontexto.com.br

Aos milhares de professoras e professores de Português na educação básica brasileira, que vivem diariamente as dores de ensinar sem apoio, sem compreensão e, muitas vezes, sem respeito por parte dos sistemas educacionais.

Para mim, que vivo essa guerra de tentar ensinar algo interessante aos alunos há 38 anos, cada livro meu publicado em favor de nossos professores e professoras é uma nova tentativa de evitar que vocês precisem passar por tudo o que passei.

Sumário

INTRODUÇÃO
UMA CONVERSA NECESSÁRIA 9

E o que fazer com as gramáticas tradicionais? 16

Retomando o fio da meada... 19

AS PARTES QUE COMPÕEM AS PALAVRAS
DO PORTUGUÊS BRASILEIRO E SUAS PECULIARIDADES 21

As formas com o sentido básico da palavra 26

As formas que indicam a natureza dos nomes e dos verbos 28

As formas que servem para concordar:
flexão, derivação e concordância 31

As formas que servem para criar novas palavras 56

AS PALAVRAS COMPOSTAS 60

AS EXPRESSÕES IDIOMÁTICAS 63

OS SISTEMAS CLASSIFICATÓRIOS
TRADICIONAIS E AS PALAVRAS 67

AS CLASSES NOMINAIS: NOMES E NOMINAIS ADJETIVOS 78

Nomes 79

Nomes pronominais (pronomes ou nomes de referência indireta) 85

Nominais adjetivos 109

O que são artigos? 113

O que são quantificadores? 115

Quais são os pronomes adjetivos? 117

VERBOS...125
    Como identificar um verbo...128
    Verbos simples, verbos compostos e expressões verbais.............129
    Verbos regulares e irregulares.......................................132
    A estrutura interna dos verbos.......................................134
    As formas nominais e a questão do particípio.........................142
    A questão da voz no verbo do PB......................................146
    Pronomes ligados a verbos – os verbos chamados de "reflexivos"......149
    Cronologia verbal no PB..151
    Verbos funcionando nas frases..202

ADVÉRBIOS..213
    Quais são as características dos advérbios?...........................216
    Quais os formatos dos advérbios no português?........................218
    Fazendo testes para identificar os advérbios na frase................219

CONECTIVOS (PREPOSIÇÕES E CONJUNÇÕES)..223
    Como identificar os conectivos na frase..............................225

PALAVRAS E EXPRESSÕES QUE NÃO EXERCEM FUNÇÕES
GRAMATICAIS (AS PSEUDOPALAVRAS OU INTERJEIÇÕES)................................229

AS LIGAÇÕES BÁSICAS
ENTRE PALAVRAS NO PORTUGUÊS BRASILEIRO...232

NOTAS..235

REFERÊNCIAS..237

O AUTOR..239

Introdução
Uma conversa necessária

Uma das coisas mais interessantes em relação aos estudos linguísticos é a diversidade de explicações válidas e convincentes. Diferentemente do que acontece nas chamadas ciências exatas (pelo menos, em uma parte delas), há muitas formas se explicar um mesmo fenômeno de maneira adequada, correta e eficiente. Por isso mesmo, há tantas teorias linguísticas diferentes e, também por isso, como disse na "Introdução" do meu *Sintaxe para a educação básica* (livro complementar a este), quando lidamos com teorias da linguagem, *é preciso fazer escolhas*. Precisamos escolher o nível da explicação que queremos dar em função do nível dos estudantes que temos, precisamos escolher a teoria que nos interessa (ou seja, aquela que enfoca o que queremos ou que ajuda mais a alcançar nossos objetivos), precisamos escolher os exemplos e as abordagens, enfim, precisamos escolher um conjunto enorme de elementos que definirão aquilo que vamos fazer na prática. E, quando somos professores, muitas vezes essas escolhas necessárias podem esbarrar em imposições sistêmicas como a filosofia de ensino do estabelecimento, o conjunto de apostilas adotadas ou o livro didático que o governo enviou e que, não raro, não é o mesmo que o professor escolheu.

Por tudo isso, é estranho notar como o estudo da Morfologia tem sido apresentado aos estudantes brasileiros como se fosse parte de uma "ciência exata": "só há um jeito de segmentar as palavras", "só há um jeito de conjugar os verbos", "só há um jeito de classificar os lexemas". Isso não é verdade! Tudo isso depende das nossas escolhas teóricas e metodológicas. Na verdade, quando saímos da Fonética, a única parte dos estudos da linguagem que se apoia em conhecimentos mais exatos, e justamente porque não é exatamente "Linguística" (como exemplos, vemos que a Fonética Articulatória é estudo de Fisiologia e a Fonética Acústica é estudo da Física) e chegamos à Fonologia (parte funcional dos estudos sobre os sons que usamos para falar), as teorias já começam a se multiplicar e os pontos de vista válidos são inúmeros. E por que isso não valeria para a Morfologia? Vale, sim!

De cara, os documentos sobre as origens de nossas palavras (para fins de estudos filológicos) são poucos e inconclusivos. O fato de uma palavra aparecer em uma cantiga do século VIII não garante nada sobre sua origem e sobre sua forma comum de escrita ou pronúncia à época. Ademais, as regras morfofonêmicas de evolução linguística sempre levam em conta cenários ideais. E não poderia ser diferente, afinal, simplesmente não temos como explicar, nas línguas, a interferência de guerras, invasões, contatos com povos já extintos que, muitas vezes, nem sabemos como se deram, em que intensidade, com que influência. E devemos convir que não dá para dizer que a Europa e a África já foram, um dia, lugares de paz... O que houve de guerras e invasões, e fusões, e separações de povos nesses dois continentes, não dá nem para ser contado. As línguas daqueles povos, inclusive a nossa, ficavam no meio dessa história belicosa, se misturando aqui e ali. O pior foi que, quando essa língua portuguesa chegou ao Brasil, encontrou por aqui um cenário igual de guerras tribais. Por tudo isso, quem fala em "pureza do português" – ou de qualquer outra língua europeia – deveria repensar seu mundinho miudinho de ideais científicos. Ah! Se tudo fosse tão simples como alguns querem nos fazer pensar, creio que nem seria necessária mais de uma descrição de cada língua. Mas ainda bem que não é!

Então, quando o português chegou ao Brasil, já todo misturado e, aqui, se misturou ainda mais com línguas indígenas, africanas e, posteriormente, com mais línguas modernas que vieram para cá nos ciclos migratórios, o resultado não poderia ter sido outro além de muitas possibilidades de explicação dessa verdadeira "salada linguística" que é nossa riquíssima e incrivelmente melodiosa "língua portuguesa do Brasil" ou "português brasileiro", ou, simplesmente, "brasileiro". Mas sabe como é, né? Sempre tem um monte de gente cheia de certezas na vida...

Pois bem, então, com isso em mente, agora podemos focar a escola básica: quando o estudo da Morfologia chega nessa escola, ele chega por meio de livros didáticos cheios de certezas, mas também de coisas inúteis.

As classificações que ainda povoam os livros didáticos (por exemplo, as dezenas de "classificações do substantivo") e as nomenclaturas dadas às palavras e suas supostas subclasses são arcaicas, enciclopedistas e inúteis, em sua maioria. É como se quiséssemos formar filólogos no 3º ano escolar, enquanto as crianças mal sabem ler e escrever. Uma pena! Uma inutilidade grosseira e sem sentido! E para que mesmo? Para nada, porque essas coisas, em geral, são percebidas, até pelas crianças, como conteúdos inúteis ou, como costumo dizer, como "quinquilharias de saber".

Afinal de contas, o que deve ser ensinado sobre Morfologia às crianças e quando? São duas perguntas que deveriam estar sendo respondidas mais rapidamente nestas bandas do mundo. Mas, no Brasil, a briga político-ideológica pelos currículos leva quase tudo em conta, menos as crianças. Se você se lembra, gastamos quase dez anos desenvolvendo os Parâmetros Curriculares Nacionais (PCN) e, depois, quase vinte anos os aperfeiçoando e tentando implementá-los. Quando estávamos conseguindo começar a consolidar os PCN nas escolas, um governo de extrema-direita assumiu o país com um movimento que, hoje, é historicamente reconhecido como ilegítimo e mudou tudo repentinamente para a Base Nacional Comum Curricular (BNCC).

A BNCC, embora seja a norma legal hoje imposta a todo o país, trouxe enorme retrocesso ao ensino da gramática no Brasil, pois devolveu este conteúdo a uma fase do desenvolvimento cognitivo em que as crianças simplesmente não operam mentalmente com abstrações, que é antes dos 10 ou 11 anos de idade, conforme Piaget e sua equipe já divulgavam desde a década de 1960... Então, o que fazer se o professor tem que ensinar "obrigatoriamente" um conteúdo que seus alunos não estão prontos para aprender? Uma boa base teórica e uma compreensão mais funcional da língua podem ajudar muito, pois permitem fazer uma melhor seleção do que ensinar e escolher melhor como fazê-lo. Ou seja, embora mais uma vez uma lei educacional brasileira tenha priorizado aspectos político-ideológicos e desprezado o desenvolvimento infantil, há como corrigir parte disso em sala. Embora, outra vez, nós, os professores, tenhamos voltado ao ponto zero da história curricular e tenhamos que "começar tudo de novo" para tentar implantar a BNCC, ainda há muito que pode ser realizado de imediato na sala de aula, desde que o professor domine uma visão teórico-descritiva que o ajude a levar seus alunos por um caminho mais simples, útil (sem ser utilitarista) e prazeroso – justamente porque mais acessível à compreensão.

Infelizmente, algo que não ajuda os professores é que nossa educação básica ainda seja muito fortemente pautada pelos livros didáticos e isso somado à triste constatação de que algumas editoras desses livros, como historicamente se tem feito em casos assim, mudam suas capas e "beleza!": o que antes era "de acordo com os PCN" passa para "de acordo com a BNCC", e vida que segue! Pode-se até trocar uma coisinha aqui, uma tirinha ali, mas o "grosso" do conteúdo, a maior parte do material, não tem como substituir tão rápido e com baixos custos. Então, opta-se por não se mudar quase nada, e o que era velho e ultrapassado fica ainda mais velho e ultrapassado. E, o que é pior, interferindo negativamente no trabalho do professor em sala.

Por sua vez, as escolas não sabem muito bem o que fazer, como fazer e o que ensinar. Os professores são pressionados pelas equipes pedagógicas das escolas, que, por sua vez, estão sendo pressionadas pelas Secretarias Municipais, que, por sua vez, estão sendo pressionadas pelas Estaduais, e estas, pelo MEC. No meio desse conflito de interesses e de um medonho faz de conta político-ideológico, as crianças abrem os livros didáticos e tentam adivinhar a diferença entre um substantivo "concreto" e um "abstrato", primeiro como se isso existisse de verdade e, segundo, tentando descobrir para que essa "coisa" servirá na vida deles. Será que vai ajudá-las a ser pessoas mais realizadas ou a montar um negócio próprio como empreendedoras? Ou, pelo menos, a ser mais felizes? Como a separação entre substantivos concretos e abstratos não é morfológica, mas filosófico-teológica, é claro que as crianças não vão entender nada apenas com as explicações que ali estão (e nem a maioria dos professores...), e também é claro que esse tipo de conhecimento enciclopédico arcaico não servirá para nada além de alimentar alguma possível "conversa de bar" no futuro. Não ajuda a ler melhor, a escrever melhor, a ouvir melhor nem a falar melhor. E como é só memorização mesmo, nem ajuda a raciocinar melhor. Então, a conclusão mais do que direta para tudo isso é que é preciso colocar alguma ordem nessa casa. E, para isso, o primeiro critério a definir é o "quando".

Já sabemos, pelos estudos dos psicólogos experimentais, como Piaget e Vygotsky, entre tantos outros, que o desenvolvimento cognitivo das crianças ocorre em etapas. Existem fases ótimas para ensinar algumas coisas e outras fases em que esse mesmo ensino seria simplesmente perda de tempo. Por isso, entre os 6 e 11 anos, ou seja, entre o primeiro e o quinto ano, a escola deveria deixar às crianças os aprendizados concretos. Elas deveriam estar focadas única e exclusivamente nas quatro competências comunicativas: ler, escrever, ouvir e falar. Nada de gramática, nada de nomenclaturas desnecessárias, nada de Morfologia ou Sintaxe. Se elas aprendessem a ler de verdade (e gostando de ler), a escrever de verdade, a ouvir de verdade e a falar em qualquer situação com desenvoltura, elas seriam as crianças dos sonhos dos professores do fundamental II anos finais. Mas como fazer isso se a BNCC manda ensinar? Bem, isso precisa ser negociado e a lei maior pode ser aludida pela escola, afinal, como diz a LDB (Lei Federal 9.394/96):

> Art. 12. Os estabelecimentos de ensino, respeitadas as normas comuns e as do seu sistema de ensino, terão a incumbência de:
>
> I – elaborar e executar sua proposta pedagógica.

Em outras palavras: se o currículo pleno e as escolhas metodológica e de concepção pedagógica estão contemplados na proposta pedagógica do estabelecimento, e se isso é responsabilidade do corpo docente da escola segundo a mesma lei (art. 13, incisos I e II), é preciso construir espaços de adequação do conteúdo proposto ao desenvolvimento cognitivo da criança estudante. Ademais, a BNCC é uma norma estatal, e normas precisam ser periodicamente reavaliadas e, se necessário, alteradas ou revogadas. Normas estatais não podem ser vistas como verdades inalteráveis e incontestáveis, sem possibilidades de evolução e mudança. Mas voltemos ao "quando".

Então, a partir do sexto ano, já lendo, escrevendo, ouvindo e falando com desenvoltura e prazer, essas crianças poderiam começar seu estudo das palavras, fazendo análise linguística e focando nas características funcionais dessas palavras como base para os estudos posteriores de Sintaxe. Isso teria utilidade para elas, pois as ajudaria na compreensão da estrutura frasal do português e isso, por sua vez, as auxiliaria a alcançar um nível invejável de fluência textual. Em outras palavras, nenhuma criança deveria ser exposta a estudos de abstração gramatical (Morfologia, inclusive) antes do sexto ano (por volta de seus 11 ou 12 anos). Depois disso – e apenas depois disso – é que os alunos deveriam ser expostos progressivamente a esse tipo de conteúdo. Mas como? Então, passamos ao segundo critério.

14 Morfologia para a educação básica

Hoje, a maioria das crianças que já deveria saber ainda não sabe escrever, de fato, por três coisas que acontecem em quase todas as escolas brasileiras:

a. o tempo que deveria ser dedicado ao ensino das competências comunicativas é gasto, em grande parte, tentando-se ensinar abstrações gramaticais a crianças cognitivamente imaturas;
b. a gramática tradicional adotada como padrão nacional é inútil para ensiná-las a escrever melhor. Então, o pouco que se memoriza dessa gramática não serve para nada além, como já disse, de "papo de botequim";
c. os ensinos de gramática são dissociados das competências comunicativas dos alunos. As teorias gramaticais são ensinadas de forma *ad hoc*, sem qualquer vinculação com a vida, a cultura e as práticas sociocomunicativas dos alunos. Assim, eles acham que aprender gramática é algo que se faz apenas para responder provas, e não para ajudá-los em seu desenvolvimento linguístico. E não: gramática, por si só, não serve para nada mesmo! E não deveria ser assim. Seria necessário que a aprendizagem escolar apontasse para perspectivas de vida, desde ser uma pessoa melhor até conseguir realizar-se pessoal e profissionalmente.

Portanto, quando pensamos no "como", temos que pensar em uma gramática que sirva para alguma finalidade concreta no processo formativo das crianças. E esse é, justamente, o caso das teorias de vertente funcionalista, como a que é usada neste livro. Mas por que as funcionalistas? Porque, como o próprio nome sugere, essas são abordagens que enfocam o funcionamento da língua. Então, se o objetivo maior da escola é desenvolver competência comunicativa plena em todos os alunos durante a educação básica, eles precisam entender como sua língua funciona. Citando novamente, meu *Sintaxe para a educação básica*, também de abordagem funcionalista, vemos nele que desde a construção metodológica até os detalhes descritivos, tudo é voltado para o funcionamento real da linguagem. E, neste livro de Morfologia, não é diferente: vamos deixar de lado as classificações inúteis, vamos deixar de lado as filigranas terminológicas, vamos deixar de lado o conteúdo sem interesse comunicativo e vamos focar na essência funcional das palavras, nos aspectos úteis e em como nossa língua realmente funciona. E isso, *num nível de descrição para adolescentes e não para linguistas*.

Sim, porque alguns livros de Morfologia pretensamente dedicados a crianças e adolescentes parecem querer formar "morfologistas", e não ensinar adolescentes a compreender melhor sua língua para aprender a se comunicar melhor. E, aqui, entramos no critério do *nível descritivo*.

O ensino da Morfologia na educação básica não serve para criar linguistas, muito menos, morfologistas. O nível de descrição deve ser simples e funcional. Algo como: "Isso é assim porque funciona assim. Ponto final". Não precisamos de conhecimentos filológicos profundos nem de descrições gerativistas ou otimalistas[1] para explicar a um adolescente que o melhor nome para falar de palavras que dão nomes às coisas é "nome" mesmo e, também, que essas palavras funcionam como *base de concordância* nas frases do português. Saber que um "nome" é um nome (por mais óbvio que seja dizer isso) ajuda o adolescente a identificar a palavra; saber que os nomes funcionam *sempre* como base de concordância das palavras e, assim, exercem domínio morfossintático e semântico sobre outras palavras o ajuda a falar e a escrever melhor.

Aliás, o "*sempre*" que grifei na frase anterior significa que, nessa etapa de ensino, *devemos nos concentrar mais nas regularidades do que nas exceções da língua*. Não há tempo suficiente para se estudar toda a gramática de uma língua nem em uma vida inteira de linguista. O que se dirá nos poucos anos de educação básica? Não! A educação básica não é o momento de ficar falando de centenas de regras e suas exceções, de passar duas ou três aulas copiando taxonomias e exemplos de substantivos, advérbios, conjunções ou preposições na lousa, de fazer os alunos decorarem intermináveis listas de prefixos e sufixos gregos e latinos, enfadonhamente, como se toda aula de português fosse, na verdade, uma sessão de tortura, e não um feliz momento de descobertas. Oras! Há coisas mais importantes que se fazer na escola do que decorar uma lista de sufixos latinos que nunca aparecem sozinhos na língua e que, nas palavras que compõem, não são reconhecidos como tais pela quase totalidade dos falantes!

E O QUE FAZER COM AS GRAMÁTICAS TRADICIONAIS?

Se você é formado ou está se formando em Letras, com certeza já deve ter ouvido que há dois grandes grupos de gramáticas: as normativas (ou prescritivas) e as científicas (que podem ser de várias vertentes descritivas existentes). Mas, se não fez nem está fazendo Letras, essa informação é mais rara em outros cursos e, portanto, precisamos falar um pouco sobre ela aqui.

Podemos chamar de "gramática", na forma mais comum de entender essa palavra, o livro que procura descrever como uma língua funciona, quais são suas regras e diretrizes pragmáticas. Porém, há duas formas principais de produzir "gramáticas". A chamada forma tradicional é de não descrever, mas ditar regras de funcionamento. Na verdade, não se trata de um trabalho científico, mas de um trabalho "dogmático", isto é, baseado em crenças e estatutos ideológicos que tentam definir como as pessoas devem usar sua própria língua. Em gramáticas desse tipo aparecem conceitos como "isso é bonito/correto" (por exemplo, "amo-te") e "isso é feio/errado" (por exemplo, "te amo"). E, quando a gente pergunta "por quê?", as respostas que aparecem são algo como "porque sim", porque "gente culta fala assim" e gente "inculta fala assado" e outras coisas desse mesmo nível, sem qualquer base ou critério científico.

Quase todas as gramáticas usadas na educação básica brasileira são desse tipo normativo/prescritivo. E elas são as bases para os livros didáticos. Trata-se de obras (tanto as gramáticas "originais" como os livros didáticos que nelas se fundamentam) que se baseiam exclusivamente na vontade dos gramáticos em ditar regras de "bom falar" e que apresentam muitos problemas descritivos e contradições internas.[2] Por isso, é inescapável que precisemos falar delas neste livro, mostrar alguns de seus problemas e como contornar isso, pois elas estão na sala de aula, na sua mão como professor, mesmo que você não goste delas.

O problema maior para você, professor, e para seus alunos é que só decorar regras de gramática normativa não ajuda em absolutamente nada nas competências comunicativas. E nosso ensino de português tem vivido dessa ilusão por décadas, o que explica, em grande parte, o fracasso da maioria da população brasileira em ler e escrever de forma competente. Essa é uma das principais razões para, ao longo do livro, você encontrar quadrinhos explicativos e outros comentários tratando das gramáticas normativas, de seus problemas descritivos e contradições internas e, muitas vezes, do fato de que não fazem mais sentido, embora, lá no século XV, quando surgiram as primeiras que tratavam de línguas neolatinas, como a famosa *Gramática de Port Royal*, elas fizessem todo o sentido para as pessoas que as escreveram.

Bem, acho que nem precisaria dizer aqui que desde o século XV até hoje o mundo mudou bastante, assim como a ciência evoluiu incrivelmente. Então, usar, ainda hoje, teorias e visões da linguagem daquele tempo (como separar os substantivos em "concretos" e "abstratos") é algo que parece injustificável. Assim, penso que é fácil entender minha preocupação com essas gramáticas neste livro dirigido a professores, simplesmente porque elas fazem parte do cotidiano de um professor de português no Brasil.

Por outro lado, há trabalhos científicos que procuram compreender a língua, como ela funciona de verdade, e em aplicar essa compreensão no aprendizado das competências comunicativas – o que, aliás, é o objetivo precípuo do ensino de língua materna na educação básica. Ninguém ensina língua materna na educação básica para que o aluno decore regras de uso da crase. Se alguém ensina crase, isso precisa ser visando à necessidade de o aluno saber usá-la quando escrever (o sinal de crase só existe na escrita, evidentemente...). E decorar regras não resolve isso. Já está mais do que comprovado cientificamente que se só aprende a escrever escrevendo e compreendendo os fenômenos ligados à escrita, e não decorando regras de gramática.

Entre as muitas gramáticas existentes no campo das ciências, aquelas que, a meu ver, têm se mostrado mais eficientes no âmbito educacional são as de abordagem funcional. E o que significa dizer que uma gramática científica é "funcional"? Que a descrição que se faz nesse tipo de abordagem é da língua em funcionamento e para descobrir como cada parte da língua funciona para que consigamos nos comunicar. Essas gramáticas têm se mostrado muito eficientes na educação justamente porque ajudam os alunos a compreender como sua língua realmente funciona e aplicar isso – por compreensão e não por memorização – no desenvolvimento de suas competências comunicativas.

E, sim, você tem o direito de me perguntar: é a melhor forma que existe de compreender e ensinar a língua materna? Bem, pelo menos para mim, é. Mas é para todos? Claro que não! Se assim fosse, não seria bom, não é mesmo? Bom é quando há diversidade de pensamentos científicos, pois eles apontam para as diferentes dimensões e possibilidades de compreensão de um objeto em estudo. Por isso, um "viva!" à diversidade de pensamento e de visões de mundo!

Mas, sem dúvida alguma, é uma forma muito melhor e mais útil do que a forma normativa de estudar a língua. Então, diante da pergunta que encabeça esta seção, eu respondo: por um pouco de tempo ainda, teremos que conviver com ensinamentos normativos nos livros didáticos e nas escolas, mas isso já está mudando no Brasil. As abordagens funcionais podem ir se somando e substituindo aos poucos a visão normativa da língua e acrescentar, inclusive, aspectos da variação linguística e sobre a existência de preconceitos que servem apenas para segregar pessoas no ambiente social, até que a gramática normativa vire apenas parte da história de nossa língua.

Mas isso significa que vamos abandonar a variante de prestígio da língua (a chamada "norma culta" ou "norma padrão") e que todo mundo vai falar "os boi" e "nós vai"? É claro que não! Isso seria absurdo! A variante de prestígio existe em todas as línguas do mundo. Até nas línguas indígenas sem escrita que estudei na Amazônia, na minha juventude, existe a variante mais "bonita", mais "culta", mais valorizada. Existir um jeito de "falar bonito" é um fenômeno natural em todas as línguas e isso nunca vai mudar, pois é decorrente da própria estrutura social e da natureza estética do ser humano, e não da língua em si. Inclusive, é bom lembrar que, quando a estrutura social muda, o "jeito bonito de falar" pode mudar, como aconteceu em Portugal com a ascensão da burguesia local, que substituiu o falar da corte imperial pelo falar dos burgueses recém-ascensos ao poder. E, ademais, as gramáticas científicas não interferem nisso e nem têm interesse nisso. Gramáticas científicas não existem para ficar ditando normas e para dizer como as pessoas devem falar. Enfim, esse risco não existe! Creio que é justamente o contrário: uma correta compreensão sociolinguística do português vai colocar cada uma das variantes em seu devido lugar, ao contrário da bagunça que existe hoje.

RETOMANDO O FIO DA MEADA...

Por todas essas razões que acabei de elencar, este livro vai abordar a Morfologia do português sob a ótica desses três critérios: 1. quando ensinar; 2. o que ensinar; e 3. como ensinar, mas sempre respeitando o nível dos alunos e a importância funcional do conteúdo. Isso com um monte de dicas e de conversa direta com os professores, normalmente presentes em quadrinhos e *balões de diálogo* relacionados a palavras que são marcadas dentro do texto. Esses quadrinhos ajudarão você a pensar aspectos da teoria, da terminologia e da forma de ensinar que não são tratados na maioria dos livros disponíveis hoje no mercado. E, creio eu, isso lhe será útil quando estiver montando suas aulas ou trabalhando diretamente com seus alunos.

Ao estudar este livro, a ideia é que o professor esteja construindo uma visão ainda mais clara da Morfologia do português do que a tradicional, mas uma visão do tipo que é útil para seus alunos, não como "gramatiquice" e "decoreba", mas como conhecimento efetivo da estrutura funcional da própria língua. Desse modo, creio eu, quando o professor tiver que ensinar os conteúdos de Morfologia que aparecem em seu plano de curso ou no livro didático, ele disporá de um cabedal maior de conhecimentos e de formas de abordagem que podem substituir, com vantagens, as formas tradicionais de ensino e, assim, ajudar os alunos a melhor compreender o conteúdo proposto.

Posteriormente, ainda se verá que as bases estabelecidas neste livro ajudam enormemente a continuidade dos estudos da Sintaxe (o que, se respeitarmos o desenvolvimento cognitivo médio dos alunos, deveria ocorrer apenas no finalzinho do fundamental II, início do ensino médio).

Ademais, o que exponho aqui, já ensino e pratico há mais de três décadas com alunos de Letras e Pedagogia. E muitos dos alunos que estudaram comigo na universidade fazem o mesmo nas escolas básicas em que trabalham e com alta taxa de sucesso. Os resultados são sempre muito animadores! Quando os alunos conseguem fazer uma "faxina" na mente, especialmente em relação ao enciclopedismo pedante da gramática tradicional, eles se sentem verdadeiramente aliviados. E quando conseguem aplicar os critérios funcionais que apresentamos e, por isso, começam a acertar a identificação e a classificação das palavras, tecendo relacionamentos entre elas e a estrutura sintática, uma incrível sensação de realização os acomete. E é lindo de ver!

Então, professor(a), foi por tudo isso que me dediquei a construir mais este livro. E espero que ele o(a) ajude em sua jornada. Que ele lhe mostre mais uma maneira de enxergar sua língua e os fenômenos centrais que nela ocorrem e a continuar construindo sua competência teórica na área.

Mas que, pelo menos, uma coisa nunca saia do centro de nossas preocupações professorais: muito mais do que currículos, regras, leis ou gramatiquices, nossas crianças e adolescentes é que devem ser o foco da ação docente, pois eles precisam de nós para crescer e ser pessoas melhores. E, pelo menos neste último aspecto, nós também precisamos deles.

Uma última nota importante: como é você quem melhor conhece seus alunos em sala de aula, a aplicação do conteúdo e das sugestões deste livro deve sempre ser direcionada:

a. pelo que você pretende ensinar (conteúdo em si e nível de tratamento desse conteúdo);
b. pelos seus objetivos pedagógicos (por que você quer ensinar isso); e
c. pelo nível atual de desenvolvimento de seus alunos.

Em outros termos: este livro pretende ser uma fonte de ajuda para você, mas é você quem precisa *decidir o que, daquilo que ele traz, você vai ensinar, como vai ensinar e quando vai ensinar*. Afinal, quem tem autoridade legal e formação para tanto é você – e ninguém deveria sequer pensar em tirar isso de um professor.

Boa leitura e bom trabalho!

As partes que compõem as palavras do português brasileiro e suas peculiaridades

ALGUMAS RAZÕES PARA ESTUDAR E ENSINAR ESTE CONTEÚDO:

Agora, estou imaginando que você vai iniciar com seus alunos os estudos sobre a formação das palavras. Tais estudos deverão ajudá-los a compreender como as palavras são formadas em nossa língua. Porém, muito mais do que isso, eles poderão entender que as características das palavras em português têm uma razão funcional de ser, pois as palavras são a base do sistema sintático da língua. Ou seja, a partir deste estudo, espera-se que seus alunos comecem a tecer relações importantes entre a forma das palavras e a construção dos textos em português.

O português é uma língua que compõe palavras com pedaços menores. Esses pedaços menores, as partes internas das palavras (ou, os *elementos infralexicais* da língua), são chamados cientificamente de *morfes* ou *formas mínimas*, ou, simplesmente, *formas*. Aqui, vamos adotar o termo *forma*, que é mais comum na nossa língua e mais fácil de gravar. Então, cada uma das partes mínimas das palavras do português será chamada de uma *forma* (ao invés de adotarmos "morfe", que é mais estranho para os alunos e, ao final, dá no mesmo, porque "morfe" significa "forma"). Mas por que essa forma é mínima?

Bem, ela é mínima porque tem, pelo menos, *um valor de sentido na construção da palavra*. Veja esses exemplos:

> 1. **gatos** – esta palavra possui três formas mínimas:
> gat – que é a base da palavra e traz a ideia central do animal felino
> o – que indica que essa palavra é de gênero gramatical masculino
> s – que indica que essa palavra é plural

Como você pode ver, as formas "gat", "o" e "s" têm um *valor de sentido* que está implícito na forma, que é "carregado" por essa forma, pois foi associado a ela nessa palavra (sim, uma mesma forma pode mudar de sentido de palavra para palavra). Vamos a outro exemplo:

> 2. **cantávamos** – este verbo possui quatro formas mínimas:
> cant – esta é a base da palavra e carrega a ideia geral de "cantar"
> á – esta forma indica que este verbo é da 1ª conjugação e que tem, portanto, que seguir os padrões flexionais dessa conjugação
> va – esta forma é mais complexa. Ela indica que esse verbo está no modo indicativo (que dá ideia de "certeza") e que está no passado imperfeito (ou seja, algo que se fez por algum tempo e depois se parou de fazer). Logo, esta forma carrega dois valores, pois tem dois sentidos distintos dentro dela
> mos – esta forma também carrega dois sentidos dentro dela. O primeiro é de que se trata de primeira pessoa verbal (algo relacionado a "eu" ou "nós") e o segundo é que se trata de plural (ou seja, define que essa palavra corresponde a "nós").

Mais um exemplo:

> 3. **garotinha** – Este nome é "montado" com três formas:
> garot – esta é a base da palavra e traz a ideia principal de "ser humano de pouca idade"
> inh – esta forma carrega a ideia de "pequeno"
> a – esta, por sua vez, carrega a ideia de gênero gramatical "feminino"

Como você pode ver, na palavra *garotinha* já aparece uma forma com uma ideia de "diminutivo", ou seja, de "pequeno" ou "pouco", o que, aqui, se refere ao tamanho ou à idade, dependendo do que estivermos falando quando usamos a palavra "garotinha".

Então, esses exemplos mostram que existem formas que têm um só valor de sentido e outras que têm mais de um valor, mais de um sentido dentro delas. Cada valor de sentido que a forma traz associada a si em uma palavra é chamado de *morfema*. Vamos resumir esta parte?

- Cada parte que constitui uma palavra no português é chamada de *morfe*, *forma mínima* ou, simplesmente, *forma*.
- Cada valor de sentido que uma forma traz em si é chamado de *morfema*. Portanto, o *morfema* é representado pela *forma, mas não é a forma*.
- A *forma* é concreta (falada ou escrita); o *morfema* é abstrato, é um *sentido*, uma *ideia básica* que entendemos a partir da forma.
- Uma unidade funcional em português (ou seja, uma unidade que funciona plenamente para a formação de frases) é resultante de um ou mais morfemas. Cada uma dessas unidades é chamada de *lexema*, de *unidade lexical* ou, simplesmente, de *palavra*.

Continuemos: tendo um (ou mais de um) valor de sentido, essas *formas* sempre exercem uma *função* na palavra. Então, para entender as palavras da nossa língua, precisamos *entender essas formas e suas funções*.

Também, devemos nos lembrar do fato de algumas palavras precisarem mudar de forma, se *flexionarem*, para exercer certas funções. Então, quando pensamos em função, precisamos incluir nisso as mudanças necessárias às palavras para seu exercício funcional. Observe os exemplos a seguir, em que a palavra "vermelho" está ligada a outras palavras em uma função chamada de *adjunto*, que vamos detalhar adiante.

> Quando estudamos ou ensinamos as partes que compõem as palavras de uma língua, ou seja, quando estudamos a formas e os morfemas, estamos praticando uma ciência chamada *Morfologia*. Há duas possibilidades principais na Morfologia: o estudo da Morfologia Interna (ou infralexical) e o estudo da Morfologia Externa (ou lexical). Na Morfologia Interna, estudamos as formas e seus morfemas. Na Morfologia Externa, estudamos as categorias de palavras e suas funções na formação das frases.

24 Morfologia para a educação básica

a. A <u>casa</u> *vermelha*.
b. O <u>carro</u> *vermelho*.

No primeiro exemplo, a palavra "vermelha" está ligada a uma palavra feminina. Assim, ela assume um *formato adequado* para combinar com essa palavra feminina e fica, também, no feminino. No segundo exemplo, a mesma palavra passa a combinar com uma palavra masculina. Então, ela assume um formato masculino. Enfim, *para o exercício de suas funções, as palavras, muitas vezes, precisam se flexionar, ou seja, mudar de formato.* Isso deve estar implícito e ser compreendido por seus alunos quando se fala de *função da palavra,* ou seja, dependendo da categoria da palavra, ela demanda flexão para o exercício de suas funções gramaticais.

Para nós que falamos o português, a palavra é uma espécie de "unidade básica natural". E já vimos que nossas palavras são formadas por pedaços menores (as formas). O fato é que as palavras costumam funcionar de maneira *suficiente*; já suas formas constituintes raramente funcionam sozinhas, ou seja, são *insuficientes*. O grande linguista brasileiro Mattoso Câmara representou isso dizendo que algumas formas em português são "livres" (palavras) e outras são "presas" (caso das formas mínimas que não atuam sozinhas). Por isso, a maioria das pessoas que têm o português como sua língua materna consegue identificar as palavras com bastante facilidade, mas poucas se dão conta da existência das formas infralexicais.

Mas, por favor, cuidado para que seus alunos não confundam as *formas mínimas* com as *sílabas*! As sílabas são uma maneira de dividir as palavras em razão da forma como as pronunciamos. Um exemplo claro é este com a palavra "infelizmente":

> 4. **infelizmente** – é uma palavra constituída por quatro formas, mas cinco sílabas. Aliás, as sílabas nem combinam direito com as formas. Veja:
>
> *Sílabas* (divisão de acordo com a pronúncia da palavra):
> in-fe-liz-men-te = cinco sílabas (cinco emissões de som)
>
> *Formas* (divisão de acordo com o valor de sentido das partes):
> in – ideia de negação, de "não"
> feliz – é a base da palavra e está relacionada à ideia de felicidade
> ment – ideia de "como é", de "modo de ser"
> e – indica que essa palavra é um nome que não tem variação de gênero (não muda em masculino e feminino)

Viu como as formas são diferentes das sílabas? É porque a divisão em sílabas e em formas é feita com base em critérios diferentes. No primeiro caso, a maneira de pronunciar a palavra; no segundo, o valor de sentido que cada parte tem. Por favor, explique isso calmamente para seus alunos, pois a confusão entre formas mínimas e sílabas é muito mais comum do que podemos imaginar.

Isso já estando bem explicadinho, podemos começar a conhecer cada tipo de forma mínima separadamente.

AS FORMAS COM
O SENTIDO BÁSICO DA PALAVRA

As formas mais básicas em nossa língua, aquelas que guardam o sentido principal da palavra, são chamadas de *radicais* ou de *morfemas nocionais* (justamente porque eles trazem a noção básica que a palavra expressa). Aqui, vamos adotar o nome mais comum que é "radical". Veja essa comparação entre palavras:

in-compreens-ível
in-destru(t)-ível
in-transpo(n)-ível
in-aceit-ável
im-prest-ável

Observe como todas essas palavras iniciam com formas semelhantes ("in-", que tem sentido, aqui, de negação) e terminam com "ível/ável" (que funciona para formar palavras que se ligam a nomes, os chamados nominais adjetivos (que você vai conhecer em detalhes ainda neste capítulo), como acontece em "agradar" > "agradável").

Pois bem: se sabemos que são palavras de sentido tão diferente, qual é a parte em cada uma delas que realmente modifica o sentido básico? Afinal, todas elas têm formas semelhantes em sua composição

Quando ensinamos a terminologia gramatical do português aos alunos, precisamos estar atentos para o fato de que eles já conhecem muitas da palavras que são usadas como os termos técnicos, mas com os sentidos costumeiros em suas vidas. E isso causa uma confusão danada. Já fiz pesquisas com alunos dos anos iniciais que demonstraram a confusão que eles fazem, por exemplo, com os termos "sujeito" e "objeto". Na vida e na cabeça deles, "sujeito" é uma pessoa e "objeto" é uma coisa pequena. Isso não tem nada a ver com a acepção dessas palavras na teoria gramatical, mas é assim que os alunos as entendem e as aplicam, inclusive nas provas. De fato, você está explicando uma coisa e ele está entendendo outra, pois a palavra que usamos tecnicamente não passa por um processo de ressignificação na cabeça do aluno. Assim, sempre é necessário falar um pouco do termo técnico, do que ele significa na vida e na aula de português (na teoria gramatical). Por exemplo, o nome "radical" é muito usado pelos alunos hoje, mas, em gramática, não tem nada a ver com essa forma de ser "descolada" ou "punk", nem mesmo sobre essa forma de ser "teimosa" e não mudar nunca de ideia. "Radical" é um termo que tem a ver com "raiz", ou seja, com a *base que sustenta a palavra*. Enfim, seria sempre bom "traduzir" para os alunos os termos técnicos e chamar a atenção deles para o fato de que essas palavras podem ter um sentido na vida cotidiana e outro na escola.

("in", "ível"/"ável"). Então, é necessário que haja uma forma de base que traz um sentido principal. Sim: é o *radical* da palavra. Observe:

in-**compreens**-ível – sentido de "**compreend**er"
in-**destru**(t)-ível – sentido de "**destru**ir"
in-**transp**-o(n)-ível – sentido de "**transp**or"
in-**aceit**-ável – sentido de "**aceit**ar"
im-**prest**-ável – sentido de "**prest**ar"

Essas partes sublinhadas são os *radicais* dessas palavras, ou seja, suas partes nocionais, suas bases. E veja como é interessante o fato de os radicais se repetirem para indicar os sentidos básicos quando citamos

> Importante: é em torno do radical que cada palavra é construída no português. Assim, *não existe nenhuma palavra nessa língua sem, pelo menos, um radical.*

os verbos na explicação dos sentidos dos radicais adjetivos. Ou seja, um mesmo radical, com o mesmo sentido, pode aparecer em palavras de categorias diferentes.

Há três casos distintos de composição das palavras no que se refere ao uso do radical em português:

1. palavras com só um radical, mas com outras formas agregadas a esse radical (o caso mais comum);
2. palavras que são constituídas só pelo radical, sem nenhuma outra forma agregada a ele; e
3. palavras que possuem mais de um radical, com ou sem outras formas agregadas a esses radicais.

Vamos ver exemplos desses três tipos:

a. **casarão** – cas-a-rão (três formas, só um radical – ideia básica de "moradia")
b. **tatu** – tatu (uma só forma, toda ela é o radical – ideia básica do bicho que chamamos de "tatu")
c. **girassol** – gir-a-(s)sol (três formas, com dois radicais – o primeiro radical com a ideia básica de "girar" e o segundo, com a ideia básica de "Sol")

28 Morfologia para a educação básica

Tudo bem sobre radicais? Então, vamos continuar o tema de como as palavras são formadas em nossa língua.

AS FORMAS QUE INDICAM A NATUREZA DOS NOMES E DOS VERBOS

Um outro tipo de forma que ocorre apenas em nomes e em verbos indica a natureza dessas palavras. Essas formas são chamadas de *vogais temáticas*.

> Nos verbos, a *vogal temática verbal* acumula a função de indicar a conjugação em que o verbo deve ser usado.

Você pode começar ensinando as *vogais temáticas nominais*: nos nomes, essas formas são apenas "**a**", "**e**" e "**o**", quando ocorrem no final das palavras e não são tônicos (ou seja, não se trata de uma palavra oxítona, com a última sílaba forte).

> Nos nomes, além de mostrar que a palavra é um nome, a *vogal temática nominal* também indica que esse nome não tem alteração de gênero, ou seja, que esse nome não tem uma forma masculina e outra feminina para o mesmo radical.

E o mais importante: vogais temáticas nominais só ocorrem se o nome em questão não puder fazer um par masculino/feminino com outro nome usando o mesmo radical. Veja os exemplos:

cas-a – "a" final, átono e não existe uma forma masculina de "casa"
leit-e – "e" final, átono e não existe uma forma feminina de "leite"
mat-o – "o" final, átono e não existe uma forma feminina de "mato"

Como você pode notar, as vogais temáticas nominais são sempre finais e átonas. Mas por quê? Porque, nessas condições, elas serão substituídas por outras formas em caso de se desejar construir outra palavra com esse mesmo radical, o que não acontece com palavras que têm as vogais "i" e "u" no final, nem com palavras nominais que terminam em vogais tônicas. Analisemos como isso funciona, por exemplo, quando vamos construir um diminutivo usando "inho/inha" e suas variantes:

cas-a > casinha
leit-e > leitinho
mat-o > matinho
}
(a vogal final desaparece – era temática)

xará > xarazinho
café > cafezinho
socó > socozinho
tatu > tatuzinho
siri > sirizinho
}
(a vogal final permanece, pois era tônica, e é necessário usar a forma "(z)inho" – logo, essa vogal final da palavra original não era temática, pois ela não se separa do radical)

> Por que a vogal temática nominal desaparece e a vogal tônica final permanece nesses casos? Porque a vogal temática não faz parte do radical, mas estava ali apenas completando o radical e indicando sua natureza nominal, ou seja, formando aquilo que a teoria gramatical costuma chamar de "tema". Já as vogais tônicas finais fazem parte do radical e não são excluídas com o acréscimo de outras formas, como aconteceu com "inho".

Por sua vez, as *vogais temáticas verbais*, embora estejam ligadas ao radical, não precisam ser finais e átonas. Como dissemos, elas indicam a conjugação dos verbos.

Tradicionalmente, as gramáticas normativas insistem que o português tem três conjugações:

> A *conjugação* de um verbo é o padrão das terminações que precisamos utilizar quando mudamos um verbo de tempo ou de modo. Como há quatro padrões no português brasileiro, há quatro vogais indicativas da conjugação a seguir.

1ª conjugação – verbos terminados em ar (cantar, falar, andar etc.)
2ª conjugação – verbos terminados em er (vender, comer, beber etc.)
3ª conjugação – verbos terminados em ir (dormir, construir, partir etc.)

Em cada caso desses, as vogais temáticas são, respectivamente, "a", "e" e "i".

Mas, o que se faz com verbos como *pôr, compor, transpor, repor* e outros tantos terminados em "or"? Os gramáticos tradicionalistas, muito

30 Morfologia para a educação básica

voltados para o latim e querendo provar que o português não passa de uma espécie de "latim estragado", sempre afirmaram que esses eram verbos da 2ª conjugação, porque, lá no latim, o verbo "pôr" terminava em "er". A pergunta é: sim, e daí que no latim esse verbo terminava em "er"? Muita coisa era diferente no latim. Muita coisa que existia no latim não existe no português moderno e vice-versa. E, ademais, o latim morreu e o português está vivo e com uma gramática totalmente diferente da gramática do latim.

Nos últimos anos, os linguistas têm mostrado que essa postura dos gramáticos normativistas de querer

> Essa ideia horrorosa de que o português é um tipo de "latim estragado" (especialmente as variações regionais faladas do português) infelizmente ainda é comum entre gramáticos normativistas. Um dos mais importantes desses gramáticos, hoje já falecido, foi Napoleão Mendes de Almeida. Em sua *Gramática metódica da língua portuguesa*, uma das mais conceituadas do Brasil, ele dizia que o português era uma *mistura estranha, uma ruína* e *uma decadência do latim, uma língua de índole nativa* e *bastarda, uma língua (ou um povo) que apanhou pouco* e, por isso, foi tão *desobediente* ao "puro" e "santo" latim. Como se vê, essa postura ideológica tradicionalista sem sentido não pode mais ser alimentada à luz da moderna ciência linguística.

juntar português e latim é muito equivocada. O latim era o latim, o português é o português. No português, esses verbos terminados em "or" formam a 4ª conjugação, cuja vogal temática é "o" e que apresenta terminações diferenciadas das terminações da segunda conjugação, como veremos, em detalhes, na próxima seção.

Então, na verdade, *temos quatro conjugações verbais no português e quatro vogais temáticas verbais diferentes* a elas correspondentes:

Conjugação	Vogal temática	Exemplos
1ª	a	Andar, pagar, abençoar, cantar, falar, pisar etc.
2ª	e	Comer, dever, fazer, beber, ler, ser, ver etc.
3ª	i	Partir, sentir, falir, pedir, rir, vir, medir etc.
4ª	o	Pôr, compor, repor, impor, dispor, contrapor etc.

Vamos ver mais sobre essas conjugações adiante.

AS FORMAS QUE SERVEM PARA CONCORDAR: FLEXÃO, DERIVAÇÃO E CONCORDÂNCIA

Antes de falar dessas formas, preciso que você atente para dois conceitos importantes para entender a estrutura do português: *flexão* e *derivação*. Aliás, é necessário que seus alunos tenham esses conceitos bem claros na mente, inclusive porque há certa confusão sobre eles nas gramáticas tradicionais.

A flexão é um recurso que o português usa para combinar palavras entre si ou para fazer harmonia entre os verbos nas frases. Só existem **seis tipos básicos de flexão** no português, sendo **duas nominais** e **quatro verbais**. *Quando se faz a flexão de uma palavra* (flexão significa *mudar o formato, entornar, dobrar*), *essa palavra precisa manter o mesmo radical.* Ou seja, se o radical for trocado, já não se trata de flexão. Então, vamos ver os quatro tipos de flexão existentes em nossa língua:

> É o que acontece, por exemplo, com certos verbos com irregularidade forte que, ao mudar de tempo, mudam de radical (por exemplo, o verbo *ser: sou, era, fui*). Nesses casos, já não se pode falar de "flexão do verbo", mas deve-se falar apenas de "mudança de tempo do verbo". Quando um verbo é regular, ele se flexiona normalmente (por exemplo, o verbo *cantar: canto, cantava, cantei*), isto é, mantendo sempre o mesmo radical e alterando apenas suas desinências.

1. As **flexões nominais** ocorrem em gênero gramatical e em número apenas. Veja:
   a. **flexão de gênero gramatical** (passando do masculino para o feminino ou vice-versa):
      > gato/gata, menino/menina, cabrito/cabrita, ancião/anciã

Como se pode ver, em todos esses casos o radical é sempre mantido e apenas uma alteração no final da palavra é feita para indicar a mudança de gênero. Assim, caracterizamos uma flexão. E você já deve ter mostrado a seus alunos que existem palavras nominais no português que não apresentam flexão de gênero e que têm uma forma única. São exemplos as palavras "mesa" (não tem "meso" como feminino de "mesa"), "chão" (não tem "chã" nem "chona" como feminino de "chão"), homem (não tem "homema", e a palavra "mulher" tem outro radical), "bolo" ("bola" não é feminino de bolo, pois tem sentido diferente, logo, não tem o mesmo radical, embora pareçam no formato.)

b. **flexão de número gramatical** (passando do singular para o plural ou vice-versa): > gato/gatos, menino/meninos, casa/casas, homens/ homens

Da mesma maneira, acho que você vai ter que explicar palavras nominais que também não apresentam flexão de número. Lembrou? São exemplos: "pires" (um pires/ dois pires, "lápis" (um lápis/dois lápis) e "óculos" (um óculos/dois óculos). Bem, isso acontece por causa dessa terminação que essas palavras têm e da forma como são costumeiramente usadas. Mas são poucos casos.

Algo importantíssimo de que seu aluno não deve se esquecer: no português, apenas as palavras nominais (sejam elas substantivas ou adjetivas) possuem marca de gênero. Nem verbos, nem advérbios, nem conectivos, nem qualquer outra palavra têm marcação de gênero no português além dos nomes. Então, *o que caracteriza uma palavra nominal é o fato de ela ser marcada em gênero*. Toda palavra nominal no português ou será masculina ou feminina. Nem todas as palavras nominais, porém, possuem forma masculina e feminina (com o mesmo radical), ou seja, nem todas as palavras nominais apresentam flexão de gênero.

Sempre gosto de lembrar os alunos que nenhuma língua é igual a outra em tudo. Por exemplo, o número, em português, se realiza apenas em duas formas: "um" (singular) e "mais de um" (plural). Porém, há línguas que têm contagens diferentes (e palavras específicas para essas contagens diferentes), como "um, dois e mais de dois", ou "um, dois, três e mais de três". Então, o conceito de "plural" não é universal e depende da cultura e da língua das pessoas. Comentar isso com os alunos não apenas aumenta sua cultura geral, como os torna mais tolerantes com diferenças, pois eles passam a ver que eles não são o "centro do mundo", mas que há muitas maneiras diferentes de entender esse mesmo mundo em que todos vivemos.

Precisamos mostrar aos estudantes por qual *finalidade gramatical* essas palavras nominais têm essas flexões de gênero e de número. É para explicitar, para tornar claros, certos tipos de combinações sintáticas entre elas. Observe:

a. Os gatos pretos beberam o leite.
a'. As gatas pretas beberam o leite.

As partes sublinhadas nessas frases estão combinando entre si em gênero e em número. Ou seja, nós usamos a flexão para concretizar essa combinação chamada de *concordância nominal*, que liga palavras nominais entre si.

> A concordância nominal ocorre quando palavras nominais combinam entre si em uma frase por meio da flexão de gênero e de número. Esse recurso é essencial na estruturação das frases do português. Para fazer flexões nominais e gerar concordâncias entre os nomes usamos, sempre que a palavra aceitar flexão, formas chamadas *desinências nominais*, que vamos estudar adiante.

2. As **flexões verbais** ocorrem quando mudamos os verbos em:
    a. modo
    b. tempo
    c. número
    d. pessoa

O modo e o tempo, podemos flexionar de uma só vez ou separadamente. Já número e a pessoa, só conseguimos mudar os dois parâmetros de uma única vez. Mas, lembre: para fazer essas flexões, assim como acontece com os nomes, precisamos manter o mesmo radical do verbo. Vamos ver exemplos dessas flexões:

a. mudar apenas o modo mantendo o mesmo tempo:
    > Passado imperfeito do indicativo – com-ía-mos
    > Passado imperfeito do subjuntivo – com-ê-sse-mos
b. mudar apenas o tempo, sem mudar o modo:
    > Passado imperfeito do indicativo – com-ía-mos
    > Passado mais-que-perfeito do indicativo – comê-ra-mos

34 Morfologia para a educação básica

c. mudar o modo e o tempo de uma só vez:
> Passado imperfeito do indicativo – com-ia-mos
> Futuro do subjuntivo – com-er-mos

Esses exemplos permitirão a seus alunos perceber que, quando flexionamos o verbo em modo ou tempo (ou os dois de uma vez), mexemos sempre na mesma parte do verbo, ou seja, alteramos sempre a mesma forma.

> Essa forma é a *desinência modo-temporal* do verbo e é uma forma que tem dois morfemas (ou seja, dois valores de sentido, duas ideias básicas nela contidas): um de *modo* e um de *tempo*.

No capítulo sobre os verbos, vamos falar mais sobre o modo e o tempo para você entender melhor isso tudo.

d. mudar o número e a pessoa:
> 2ª pessoa do singular – tu cant-a-s
> 1ª pessoa do plural – nós cant-a-mos
> 3ª pessoa do plural – eles cant-a-m

É importante chamar a atenção dos alunos para o fato de que, ao fazer a flexão de número e pessoa, mudamos o lugar em que estamos mexendo no verbo. As partes que indicam modo e tempo são intermediárias na estrutura da palavra. Já as partes que indicam número e

> Essa forma é a *desinência número-pessoal* do verbo e é outra forma verbal que tem dois morfemas (ou seja, dois valores de sentido, duas ideias básicas nela contidas): um de *número* e um de *pessoa*.

pessoa são ao final do verbo. É que se trata de uma forma diferente, com outra função e que obedece a outras regras.

Essas desinências que indicam o número e a pessoal no verbo também servem para fazer concordância, mas a *concordância verbal*. Veja alguns exemplos de concordância verbal:

> Conceito importante para seus alunos: a *concordância verbal* é a combinação entre um verbo (por meio da desinência número-pessoal) e o sujeito de uma frase. Quando a frase não tem sujeito, a concordância verbal fica *impessoal*, ou seja, sem marcação.

a. Tu estás muito cansado hoje?
b. Nós estamos bem cansados hoje!
c. João e Maria também estavam muito cansados ontem. (João e Maria = eles)

Como se pode ver, os verbos vão mudando sua terminação, ou seja, vão se *flexionando* para permitir a concordância adequada com o sujeito da oração. Esse é um padrão na variante de prestígio do português brasileiro, embora ele possa ser quebrado em certas situações sobre as quais falarei adiante, com mais calma e em detalhes (lembre-se de que, aqui, estamos apenas introduzindo os temas da flexão e da derivação).

Aliás, ali atrás, também disse que as desinências servem para fazer harmonia entre os tempos verbais em um texto. Mas peço que você veja o que se diz sobre isso lá no capítulo sobre os verbos, em que falo especificamente sobre harmonia.

É hora do resumo sobre as flexões:

- Flexões são modificações feitas em uma palavra mantendo-se o mesmo radical. Portanto, elas nunca criam palavras novas mudando o sentido básico da palavra original.
- Flexões são exclusivamente feitas com desinências.
- Flexões são modificações que têm uma finalidade de concordância ou de harmonia. Portanto, flexões são modificações importantes para a construção sintática (a construção da frase) no português.
- Em nossa língua, apenas as palavras nominais e as palavras verbais têm flexões. Advérbios, conectivos ou quaisquer outras construções que não estejam funcionando como nominais ou verbais nunca serão flexionadas em português.

Duas notas finais e importantes sobre flexão:

1. Algumas gramáticas normativas dizem que as palavras nominais do português (palavras "substantivas" e "adjetivas") têm flexão de grau. Ainda bem que não têm! Veja:

   a. <u>O cachorro preto</u> do meu primo <u>avançou</u> em mim.

   a'. <u>Os cachorros pretos</u> do meu primo <u>avançaram</u> em mim.

   a". <u>A cachorra preta</u> do meu primo <u>avançou</u> em mim.

36 Morfologia para a educação básica

Esses exemplos simples são plenamente suficientes para demonstrar a ocorrência de concordância nominal de gênero e número com base no núcleo "cachorro" e de concordância verbal entre o sujeito e o verbo da frase. Mas, se houvesse concordância de grau, a frase ficaria assim:

a'''. *<u>Ozinho cachorrinho pretinho</u> do meu primo <u>avançou</u> em mim.

a''''. *<u>Ozão cachorrão pretão</u> do meu primo <u>avançou</u> em mim.

> Em estudos gramaticais, quando colocamos um asterisco (*) antes de uma frase, isso significa que essa frase é ruim, malformada, ou seja, não está funcionando de acordo com as regras da língua.

E é evidente que isso não acontece, deixando a estrutura agramatical. O grau, em português, é formado com o uso de outro tipo de forma: os afixos. E afixos não servem para fazer concordância. Por isso, o grau em português nunca serve para fazer concordância e não entra na estruturação das frases. O grau não é flexão, como trataremos logo adiante.

2. Finalmente, precisamos pontuar que algumas gramáticas normativas dizem que o português tem flexão nominal de pessoa. Isso também não é correto. Não existe desinência nominal de pessoa para nomes em português. Isso porque a pessoa é marcada implicitamente nos radicais dos nomes. Isso é claro tanto nos nomes substantivos quanto nos nomes adjetivos e nos pronomes que funcionam como substantivos. Veja:
    a. João gosta de doce. (3ª pessoa do singular)
    b. Eu gosto de doce. (1ª pessoa do singular)
    c. Nós gostamos de doce. (1ª pessoa do plural)
    d. Eles gostam de doce. (3ª pessoa do plural)
    e. Tu gostas de doce. (3ª pessoa do plural)
    f. Aqueles lá gostam de doce. (3ª pessoa do plural)
    g. Ninguém gosta de doce. (3ª pessoa do singular)
    h. Todos gostam de doce. (3ª pessoa do plural)

Nesses exemplos, as palavras *João, eu, nós, eles, tu, aqueles, ninguém* e *todos* estão funcionando como nomes. Nenhuma delas consegue se flexionar para mudar a pessoa gramatical da frase. O que a gente tem que fazer é mudar de palavra (por exemplo: eu/nós/tu = um radical diferente em cada palavra, logo, outra palavra), o que indica que, nas palavras nominais, a pessoa gramatical está implícita nos radicais e não em desinência para a construção de flexões. Veja como isso fica claro em outros pronomes: meu/ teu/seu/ este/esse/aquele. Já com os chamados "substantivos", ou seja, os nomes em si, todos eles são marcados em terceira pessoa. Veja: João come/ O gato corre/ Essa coisa quebra?/ A árvore caiu/ O anjo voltou ao céu.

Agora, vamos falar sobre o outro conceito importante que anunciei ali atrás: *derivação*. A derivação é a criação de uma nova palavra com a utilização de *afixos*.

> Afixos são formas que colocamos antes ou depois do radical da palavra para criar outras palavras no português.

Veja estes exemplos:

a. a partir da palavra *depender*:
Forma original só com radical e desinências:
> depend-e-r
Novas palavras com acréscimo de afixos:
> in-depend-e-r
> in-depend-ência

b. a partir da palavra *casa*:
Forma original só com radical e vogal temática:
> cas-a
Novas palavras com acréscimo de afixos:
> cas-inh-a
> cas-arão
> cas-on-a

c. a partir da palavra *constituir*:
Forma original só com radical e desinências:
> constitu-i-r
Novas palavras com acréscimo de afixos:
> constitui-ção
> constitu-cio-(n)al
> in-constitu-cio-(n)al

Como se pode ver, quando faço uma palavra do português *derivar*, acrescentando a ela um ou mais afixos, eu crio uma nova palavra, e não apenas faço a flexão de uma palavra básica. Como afirmei logo ali atrás, a derivação nunca gera concordância, ou seja, aquela combinação entre palavras em uma frase. Se ela gerasse concordância, o falante teria que repetir o afixo em todas as palavras do grupo sintático! Ou seja: *derivação é diferente de flexão*. Por isso que, em português, não existe "flexão de grau", mas "derivação de grau".

Então, com base em tudo o que vimos sobre flexão e derivação, podemos montar um quadro-resumo para diferenciar os dois fenômenos. Veja:

> Comente com seus alunos uma expressão muito popular, mas sem fundamento gramatical em nossa língua: você, certamente, já ouviu alguma pessoa dizendo "Concordo com você em gênero, número e grau". Pois é... além de essa pessoa estar concordando demais, está concordando o impossível, pois, como você viu, não existe concordância de grau em português. Se ela concordar em "gênero e número", estará fazendo *concordância nominal*. Se ela concordar em "número e pessoa", será *concordância verbal*. E já não está de bom tamanho toda essa concordância? Pelo menos, para a língua portuguesa, já está, pois se ela ainda quiser concordar em grau, certamente vai estar concordando em uma língua que não é o português.

Aspecto abordado	Flexão	Derivação
Quanto à categoria gramatical da palavra modificada	*Nunca muda a palavra de categoria gramatical, porque é apenas a mesma palavra com uma flexão.*	*Pode mudar a palavra de categoria gramatical porque se está criando outra palavra (ver/visão, belo/beleza, feliz/felizmente etc.)*
Que forma é usada para fazer	*Desinência*	*Afixo*
Quanto à função	*Acrescenta nova significação à palavra original para permitir a concordância entre palavras.*	*Acrescenta nova significação à palavra original, mas nunca permite concordância.*
Quanto ao alcance morfossintático	*Manifesta-se na palavra isolada ou em forma de concordância entre várias palavras.*	*Manifesta-se exclusivamente na palavra de forma isolada, nunca gerando concordância.*

E agora que você já explicou o que é flexão e o que é derivação, você pode estudar com eles, com mais calma e com mais detalhes, as desinências nominais e verbais para complementar o que você ensinou anteriormente sobre essas formas. Isso porque um dos conjuntos mais importantes de morfemas do português é justamente o das *desinências*.

As desinências nos nomes – gênero

Nos nomes, as desinências expressam as ideias de gênero gramatical (masculino ou feminino) e de número gramatical (plural).

A ideia de gênero, ou seja, se a palavra é masculina ou feminina, é a mais importante para a estrutura sintática ligada ao nome. *Todo nome no português é, obrigatoriamente, masculino ou feminino*, pois isso é uma exigência estrutural da língua. E essa marca gramatical de gênero não tem qualquer relação com o sexo biológico do que a palavra representa no mundo (isso, se for um ser vivo, pois, em relação os objetos inanimados, nem há sentido em se falar em "sexo biológico"). Seu aluno precisa entender essa diferença muito claramente.

> Aqui, é importante lembrar seus alunos sobre isso: as desinências são formas acrescentadas ao final das palavras nominais ou verbais. Além de seu sentido próprio, ainda servem para fazer concordâncias entre as palavras (nome+nome e nome+verbo). No português, portanto, somente existem *desinências nominais* e *desinências verbais*.

Sexo biológico é algo que se aplica aos seres vivos e que é área do estudo da Biologia. Então, podemos falar em papagaio macho ou fêmea, ou mesmo em uma planta macho ou fêmea. Mas isso não é problema da gramática.

Na gramática do português, temos o *gênero gramatical*, que é uma marcação implícita ou explícita feita na palavra para fins de estruturação de certas partes das frases, ou seja, para fins de concordância nominal. Uma coisa não tem nada a ver com a outra, embora, em certos casos, elas possam até coincidir. Assim, "cão" é palavra masculina e, em certos usos, até tem a ver com um bicho macho (o cachorro). Mas, nem tudo que se chama "cão" é um bicho macho. O cão do revólver (uma peça do revólver que parece a cabeça de um cachorro), por exemplo, não tem sexo biológico, mas a palavra continua sendo masculina ainda

> Como um falante de português aprende que as palavras que têm gênero implícito, ou seja, que não têm desinência de gênero nem palavras adjuntas de gênero, são masculinas ou femininas, se elas não têm formas desinenciais para expressar isso? Simples: decoramos! Quando vamos aprendendo a língua vamos decorando os nomes que são masculinos e os que são femininos. Normalmente, é quem não aprende uma língua X como sua língua materna que pode ter dificuldade com isso depois, ao tentar aprender essa língua. Já ouviu algum falante de espanhol dizer "Essa leite está fria!"? É fácil de entender: em espanhol a palavra que se refere a leite é feminina (*la leche*). Daí vem a confusão.

assim. Por outro lado, a palavra "mesa" é feminina (ou seja, tem gênero gramatical), mas nenhuma mesa que eu conheça tem sexo biológico. São coisas diferentes que seu aluno precisa separar e é bom usar algum tempo explicando isso.

> Lembre-se: se você deseja que seus alunos dominem a gramática do português, precisa ensiná-los *a pensar a língua como língua (como sistema linguístico) e não como as coisas de que a língua fala.* No estudo gramatical, "cão" e "mesa" (os exemplos que dei anteriormente) são palavras e não um "animal" e um "móvel", respectivamente. Isso é tão fundamental que as pesquisas mais recentes sobre o ensino de português têm mostrado que a maior parte da dificuldade dos alunos em questões básicas do estudo gramatical durante sua formação inicial se fundamenta justamente nessa confusão entre o que é língua e o que é o mundo que essa língua representa. Isso é tão relevante que vale a pena usar um bocado de tempo, repetidamente, para fazer com que seus alunos entendam essa diferença.

Continuando, então: no português, há três formas de indicar o gênero gramatical de um nome:

a. existem palavras que somente têm formato masculino ou formato feminino – essas palavras são masculinas ou femininas porque a língua determinou assim. Elas são marcadas em gênero *implicitamente* e não precisam de desinência de gênero para indicar isso. Se a vogal final dessas palavras for "a", "e" ou "o" átona, será vogal temática. Se a palavra não terminar em vogal, ainda assim ela não precisa da desinência de gênero. Veja alguns exemplos
    - masculinas: asfalto, tapete, telefone, homem, papel etc.
    - femininas: mesa, cadeira, caneta, mulher, lã etc.

b. existem palavras que usam as desinências de gênero para separar o gênero gramatical. Ou seja, sua marcação de gênero gramatical é *explícita por uma forma desinencial*. Nesse caso, a mesma palavra apresenta dois formatos: um masculino e um feminino, que se definem como tal justamente porque usamos as desinências de gênero. São exemplos desse tipo de palavras:
    - menin-o/menin-a, cachorr-o/cachorr-a, gat-o/gat-a etc.

> No português brasileiro, por causa da infinidade de origens de nossas palavras, temos uma quantidade enorme de desinências de gênero. Veja alguns exemplos nos pares abaixo:
>
> - re-i/ ra-inha
> - burguês/ burgues-a
> - le-ão/ le-oa
> - órf-ão/ órf-ãØ
> - pap-a/ pap-isa
> - cond-e/ cond-essa
> - rapaz/ rapar-iga
> - sult-ão/ sult-ona
>
> Entre outros exemplos.

c. um outro grupo de palavras é definido como masculino ou feminino com base em palavras determinantes que combinamos com os nomes (palavras adjungidas, isto é, relacionadas diretamente ao nome base da estrutura sintática). Nesse caso, a palavra tem um único formato, mas a outra palavra define o gênero. Veja:
    - o pianista/a pianista, este dentista/esta dentista, tenente bravo/tenente brava etc.

Mas, por favor, alerte seus alunos para que não confundam esse caso com aquelas palavras que usam *macho* e *fêmea* (p.ex.: baleia macho/ baleia fêmea), ou que servem para indicar seres de diferentes sexos (p.ex.: a pessoa). Os gramáticos normativistas falam delas, mas de forma equivocada. Até dão nomes estranhos a elas: "substantivo epiceno" e "substantivo sobrecomum". Mas isso não passa de uma grande confusão.

Como disse, quando estudamos as palavras de uma língua, precisamos pensar nas palavras, e não nas coisas de que as palavras "falam". Se você analisa uma palavra como "papagaio" (que é uma dessas palavras que usam *macho* e *fêmea* para indicar o sexo biológico dos bichos, como também "formiga", "lagartixa" e tantas outras que dão nomes a animais – e só palavras que dão nomes a animais), fica claro que essa palavra é masculina (o papagaio) independentemente de o bicho ser macho ou fêmea. Se for macho, se diz "o papagaio macho"; se for fêmea, se diz "o papagaio fêmea", mas a palavra "papagaio" é masculina. E, aqui, como já disse a você, não estamos preocupados com o sexo biológico do bicho, pois não estamos estudando Biologia ou Zoologia, e sim estamos ocupados com o "gênero gramatical da palavra", que é um elemento da gramática da língua.

Da mesma forma, palavras como "criança" e "pessoa", que podem ser utilizadas para se referir a criaturas de ambos os sexos (dizemos "a criança/esta criança" para menino ou menina, "a pessoa/esta pessoa" para todas as pessoas, indistintamente), são, obviamente, palavras femininas. Mais uma vez, não podemos confundir o *sexo biológico* das criaturas que a palavra representa com o *gênero gramatical* da palavra.

As desinências nos nomes – número

Já para indicar o número das palavras nominais, ou seja, se elas aparecem no plural, a morfologia do português é bem mais simples do que em relação ao gênero, pois temos apenas uma forma desinencial na língua, que é o "-s" (um som sibilante que colocamos ao final da palavra e que representamos, na escrita, usando um "s" sempre ao final). Às vezes, se a palavra termina com um som consonantal, essa forma "-s" precisa vir acompanhada de uma vogal que lhe sirva de base, normalmente, a vogal "e". Veja os exemplos:

- pessoa/pessoa-s
- carro/carro-s
- cartaz/cartaz-(e)s
- repórter/repórter-(e)s

> Uma vogal ou consoante adicional serve para acomodar o som da palavra flexionada ou derivada ao som mais natural da nossa língua e, por isso mesmo, é chamada de *forma de acomodação fonológica*. Alguns gramáticos chamam de *vogal* ou *consoante de ligação*. Veja que é muito mais fácil e agradável para um falante do português dizer "revólveres" do que "revólvers". Da mesma forma, é mais sonoro dizer "cafezinho" do que "cafeinho". Nesses exemplos, o "e" e o "z" são formas de acomodação fonológica dessas palavras.

A marcação de pessoa nas palavras nominais

As palavras nominais do português são marcadas em pessoa, mas não temos formas desinenciais para isso, como já vimos anteriormente. Portanto, essa marcação de pessoa é *implícita no radical* dessas palavras. Ou seja, *os radicais de todas as palavras que estejam funcionando como nominais em português carregam um morfema de pessoa*. Até mesmo os pronomes (que também são palavras nominais), para mudar de pessoa, precisam mudar de radical. E temos dois casos bem simples:

1. nomes e adjetivos são marcados sempre em 3ª pessoa (apresentam um morfema de 3ª pessoa implícito no radical). Se for do singular ou do plural vai depender da presença da desinência de número ou não. Isso é mais fácil de ver quando inserimos os nomes em frases na posição de "sujeito", pois aí dá para ver a concordância com os verbos (uma vez que os verbos, estes sim, têm desinências de pessoa):
   a. Maria come muito. (3ª pessoa do singular)
   b. A serra está quebrada. (3ª pessoa do singular)
   c. Os cavalos fugiram do cercado. (3ª pessoa do plural, porque o nome está no plural)
   d. Esses caras chatos não largam do meu pé. (3ª pessoa do plural, porque o nome está no plural)

2. nomes e adjetivos de natureza pronominal têm diferentes radicais para indicar as diferentes pessoas (podem apresentar morfemas de 1ª, de 2ª ou de 3ª pessoa, dependendo do radical utilizado):

Nomes pronominais:
a. <u>Vossa Senhoria vem</u> hoje almoçar? (3ª pessoa do singular)
b. <u>Eu</u> não <u>falo</u> chinês clássico. (1ª pessoa do singular)
c. <u>Tu</u> não <u>vais</u> ao baile hoje. (2ª pessoa do singular)
d. <u>Nós esquecemos</u> do jogo da seleção!!! (1ª pessoa do plural)

Adjetivos pronominais:
a. <u>Aquele sujeito</u> é muito sabido! (3ª pessoa do singular)
b. <u>Meu carro</u> está velho e desgastado... (1ª pessoa do singular)
c. Não falei nada da <u>tua irmã</u>! (2ª pessoa do singular)

Sobre os adjetivos pronominais, existem ainda alguns detalhes que seu aluno precisa conhecer, mas que vou tratar lá no capítulo sobre as classes nominais, quando estiver falando especificamente sobre eles.

As desinências nos verbos – a marcação de pessoa e de número no verbo

Passemos, agora, às desinências verbais. Primeiro, precisamos explicar que, nos verbos do português, existem dois tipos de formas desinenciais e cada uma delas acumula duas funções:

a. **desinência número-pessoal** – expressa as ideias de número (plural) e pessoa (1ª, 2ª e 3ª); e

b. **desinência modo-temporal** – expressa as ideias de modo (a maneira como a ação do verbo é pensada) e de tempo (a localização da ação do verbo na linha do tempo).

> Como, na variante de prestígio, os verbos são obrigados a concordar com o sujeito das frases e como o sujeito das frases (quando ele existe) é um nome ou um pronome, os verbos precisam ser adaptados morfologicamente para conseguir fazer essa concordância. Logo, eles possuem desinências que permitem "singular" ou o "plural" (se o nome for singular ou plural, será possível a concordância) e "1ª", "2ª" ou "3ª" pessoa (especialmente para os sujeitos pronominais, uma vez que todo nome não pronominal, como você viu, é marcado em 3ª pessoa em nossa língua).

Mas, afinal, como explicar aos alunos o que é essa tal de "pessoa gramatical" de que tanto se fala aqui? Melhor explicar isso com calma: *pessoa gramatical* é a forma que a língua encontrou para aproveitar gramaticalmente a maneira mais comum de nós vermos as partes de uma *interlocução*, isto é, de um diálogo. Ou seja, a língua aproveitou as ideias que relacionamos a uma conversa entre pessoas no mundo da linguagem para criar formas gramaticais de organizar uma parte importante de sua estrutura. Quando conversamos, imaginamos sempre uma *cena típica* que é assim: *uma pessoa* fala sobre *algo ou alguém* enquanto uma *outra pessoa* ouve. Logo, temos três elementos envolvidos:

> Quando a gente pensa em uma *cena típica*, sabe que não é assim que acontece sempre, mas é assim que enxergamos a coisa quando damos um exemplo "ideal". A língua sempre usa essas visões típicas do mundo para criar sua gramática, pois são elas que nós costumamos partilhar de maneira mais frequente.

- quem está falando (ou o grupo a que pertence quem está falando) é considerado como sendo a *primeira pessoa* (eu, nós);
- com quem se está falando, ou seja, quem está ouvindo, seja uma pessoa ou um grupo, é chamado de *segunda pessoa* (tu, você, vós, vocês);
- de quem ou do que se está falando é chamado de *terceira pessoa*, seja uma pessoa ou uma coisa, um grupo de pessoas ou de coisas (ele, ela, eles, elas).

46 Morfologia para a educação básica

Então, veja que interessante: a língua aproveitou essa ideia típica e usa isso para fazer concordância entre o sujeito de uma frase e o verbo. Como já vimos, é a isso que chamamos de *concordância verbal*, um processo que é baseado nos fatos do mundo, mas realizado por meio de elementos gramaticais. Portanto, quando falamos de "pessoa" na nossa língua, estamos falando de *pessoa gramatical* e não das pessoas do mundo real.

Como você viu nos exemplos do início desta seção, todas as pessoas gramaticais do português (1^a, 2^a e 3^a) podem ser, virtualmente, do singular ou do plural. O *singular* e o *plural* marcam o "número" em nossa língua. Você sabe que, em português, só há dois formatos de número gramatical (e que não é assim em todas

> É bem legal saber que, como a maneira de as pessoas verem o mundo muda de cultura para cultura, não existe só essa forma típica de ver uma conversação e, por isso não existem só esses três formatos de pessoas gramaticais. Em outras línguas, pode haver formatos diferentes de organizar essa representação, com mais ou menos pessoas gramaticais. Em português, por exemplo, só temos uma maneira de dizer "nós" (que significa "eu mais alguém"). Em kuikuro, por exemplo, que é uma língua indígena brasileira, há duas maneiras de dizer "nós", ou seja, eles têm duas formas de entender a relação entre "eu mais alguém". A primeira é chamada pelos linguistas de *nós-inclusivo* e significa "eu mais você com quem estou falando". A segunda é chamada de *nós-exclusivo*, e significa "eu mais alguém que não é você com quem estou falando". Interessante, não é?

as línguas do mundo). Esses formatos do número gramatical expressam as ideias de "um" e "mais de um". "Um" é singular; "mais de um" é plural. Mas por que eu disse "virtualmente"? Porque essas três pessoas de singular e plural não são, de verdade, utilizadas assim pelos falantes. Vamos ver:

a. as gramáticas tradicionais ditam que a língua deveria ser assim:
- Eu comi todo o doce. (1ª pessoa singular)
- Tu estavas reclamando disso. (2ª pessoa singular)
- Ele não está nem aí com o caso. (3ª pessoa singular)
- Nós brigamos por causa do doce. (1ª pessoa plural)
- Vós não vos intrometestes. (2ª pessoa plural)
- Eles estão rindo até agora. (3ª pessoa plural)
- O doce acabou. (3ª pessoa singular – nome singular)
- Os cozinheiros vão fazer mais amanhã. (3ª pessoa plural – nome plural)

Porém, no português brasileiro, embora a gente saiba que existam, historicamente e na variante de prestígio idealizada, a 1ª pessoa plural (nós), a 2ª pessoa singular (tu) e a 2ª pessoa plural (vós), a maioria dos brasileiros usa o português de forma diferente hoje em dia, ou seja, com base em suas próprias variantes linguísticas. Vejamos:

b. no Brasil, muita gente usa assim:
- Eu comi todo o doce. (1ª pessoa singular)
- Tu estava reclamando disso. (Pronome de 2ª pessoa singular com verbo na 3ª pessoa do singular – bem comum nas regiões Norte e Sul do país)
- Você estava reclamando disso. (Assumindo o lugar da 2ª pessoa singular, o "tu" – ocorre na maior parte do país. Perceba que o verbo está na 3ª pessoa do singular)
- Ele não está nem aí com o caso. (3ª pessoa singular)
- Nós brigamos por causa do doce. (1ª pessoa plural)
- A gente brigou por causa do doce (Assumindo o lugar da 1ª pessoa do plural, com verbo usado na 3ª pessoa do singular)
- Vocês não se intrometeram. (Assumindo o lugar da 2ª pessoa plural tradicional que, na prática, não se usa mais. O verbo vai para a 3ª pessoa do plural)
- Eles estão rindo até agora. (3ª pessoa plural)
- O doce acabou. (3ª pessoa singular – nome singular)
- Os cozinheiros vão fazer mais amanhã. (3ª pessoa plural – nome plural)

Outra coisa que a gente deve notar e debater com os alunos é que, em muitos falares localizados, está havendo uma uniformização do verbo, em quase todas as pessoas, para a 3ª pessoa do singular. Não é incomum se ver a conjugação assim:

48 Morfologia para a educação básica

c. em alguns falares localizados, se usa:

- Eu comi todo o doce. (1ª pessoa singular)
- Tu estava reclamando disso. (Pronome de 2ª pessoa singular com verbo na 3ª pessoa do singular – bem comum nas regiões Norte e Sul do país)
- Você estava reclamando disso. (Assumindo o lugar da 2ª pessoa singular, o "tu" – ocorre na maior parte do país. Perceba que o verbo está na 3ª pessoa do singular)
- Ele não está nem aí com o caso. (3ª pessoa singular)
- Nós brigou por causa do doce./Nós brigamo por causa do doce. (1ª pessoa plural, com verbo na 3ª pessoa do singular ou na 1ª pessoa do plural sem o "s" final. Também ocorrem formas como "briguemo")
- A gente brigou por causa do doce. (Assumindo o lugar da 1ª pessoa do plural, com verbo usado na 3ª pessoa do singular)
- Vocês não se intrometeram. (Assumindo o lugar da 2ª pessoa plural tradicional que não se usa mais. O verbo vai para a 3ª pessoa do plural, embora a pronúncia possa ser parecida com "intrometero".)
- Eles está rindo até agora. (3ª pessoa plural com verbo na 3ª pessoa do singular)
- O doce acabou. (3ª pessoa singular – nome singular)

> Essas formas localizadas recebem vários nomes preconceituosos, como "falar caipira", "falar ignorante", "falar vulgar" etc. O fato é que elas existem, estão muito difundidas e, quem sabe, um dia vão incorporar a variante de prestígio. Se compararmos o padrão brasileiro atual com a língua inglesa, por exemplo, veremos que a conjugação dos verbos no inglês é muito mais simples, e ninguém reclama. Mas não foi sempre assim por lá... Parece que o português brasileiro está caminhando para uma simplificação de sua conjugação verbal. Mas, enquanto isso não acontece, precisamos conhecer as vantagens e os riscos de se usar uma ou outra forma em cada ambiente, bem como saber como usar todas elas. Sim, porque existe vantagem e risco em todas as formas. Se você chegar perguntando, em uma conversa de amigos na escola, por exemplo, "Vós não o soubestes?", as pessoas vão achar que você ficou louco, que está fazendo graça ou que é pedante, só porque é professor de português. Bem, falar de forma coerente com ambiente social e as pessoas com as quais estamos conversando é um processo que se chama "adequação de fala" e sobre o qual seria bom conversar um pouco com os alunos.

- Os <u>cozinheiro</u> <u>vai fazer</u> mais amanhã. (3ª pessoa plural, com marca de plural apenas no artigo e com o nome e o verbo na 3ª pessoa do singular)

E é fácil acreditar que todos já percebemos que as formas do verbo "estar" também estão sofrendo uma redução (algo bem comum nas línguas naturais): "está/tá", "estava/tava", "estive/tive" etc.

O fato é que cada forma que uma língua cria e aceita no uso cotidiano tem seu lugar devido e adequado: e isso você pode ensinar seus alunos a usar para o proveito pessoal deles. Melhor dizendo, quanto mais "poliglotas" seus alunos forem em português (ou seja, quanto mais variantes do português eles dominarem), mais adequada será a variante de fala dessas pessoas em cada situação social que enfrentarem na vida. Vamos fazer um resumo do que temos em relação a número e pessoa, então?

Pessoa/número	Forma tradicional	Forma mais aceita no Brasil	Formas localizadas em determinados falares
1ª singular	Eu canto	Eu canto	Eu canto
2ª singular	Tu cantas	Tu canta Você canta	Tu canta Você canta
3ª singular	Ele canta O galo canta	Ele canta O galo canta	Ele canta O galo canta
1ª plural	Nós cantamos	Nós cantamos (menos usado) A gente canta (mais usado)	Nós canta/Nós cantamo A gente canta
2ª plural	Vós cantais	Vocês cantam	Vocês canta
3ª plural	Eles cantam Os galos cantam	Eles cantam Os galos cantam	Eles canta Os galo canta

A pessoa e o número, como vimos, são marcados nos verbos por meio de formas chamadas de *desinências número-pessoais*. Decorar separadamente essas desinências número-pessoais (e as outras, as modo-temporais, que veremos a seguir) não é algo que ajude seus alunos em nada em sua vida. Na verdade, não fazem falta alguma a sua trajetória existencial e nem são conteúdo do ensino médio. São tema de cursos de Letras ou de Linguística, para pessoas que vão se aprofundar no conhecimento dos verbos e de sua estrutura morfológica. Por isso, não os obrigue a perder tempo tentando decorar essas desinências em separado ou tentando dividir verbos em

50 Morfologia para a educação básica

radical e desinências. O mais importante é que seus alunos aprendam a usar os verbos corretamente, assimilando suas formas integrais, já construídas como palavras inteiras. Logo, para usar os verbos corretamente, eles não precisam decorar as desinências em separado, mas precisam treinar muito e muito, na escrita e na fala, o uso do verbo inteiro, já formado.

As desinências nos verbos –
a marcação de modo e de tempo no verbo:
os sentidos modal e temporal

Por si só, o conceito de *tempo* já é bem complicado de se explicar, especialmente para crianças e adolescentes. Vou tratar disso mais adiante em uma seção específica quando falarmos da cronologia dos verbos em português ("Cronologia verbal no PB") e sugiro que você tome algum tempo discutindo isso com seus alunos também. Afinal, não adianta falar de tempo verbal se seus alunos nem entendem o que é o tempo em nossa cultura. Agora, só para estudar as desinências e de forma resumida, quando falamos de *tempo verbal* falamos de *quando* o evento a que nos referimos foi, está sendo ou pretende ser concretizado.

Em nossa cultura, nós dividimos as coisas que são e que acontecem em três grandes *blocos de tempo*:

a. o passado, que é antes de um ponto determinado no tempo: para trás (ou para a esquerda) na imagem de "linha" que fazemos do tempo;

b. o agora, normalmente chamado de "presente", que é no momento em que estamos falando; e

c. o futuro, que é depois de um ponto determinado no

> Muita atenção aqui e, por favor, não deixe seus alunos esquecerem isso, repetindo diversas vezes enquanto estiver estudando verbos com eles, pois isso é essencial para que eles compreendam a cronologia inserida no português:
>
> 1. "agora" é quando *estamos falando*;
> 2. futuro é *para a frente* de um ponto qualquer na linha do tempo, não obrigatoriamente depois do agora. O futuro pode ser dado em relação a um ponto lá no passado;
> 3. o passado é *para trás* de qualquer ponto da linha. Ou seja, pode haver um passado relativo a alguma coisa que nem aconteceu ainda, ou seja, um tempo definido antes desse ponto depois do agora.

tempo, ou seja: para frente (ou para a direita) na imagem de "linha" que fazemos do tempo.

Veja no esquema a seguir:

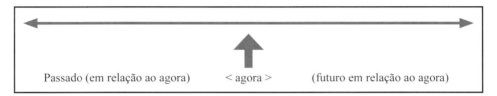

É interessante que a palavra "presente" vem de uma palavra latina antiga que significa "o que eu estou vendo pessoalmente". Oras, o que eu estou vendo é o agora. O que já passou (o passado) não está mais visível e o que ainda não chegou também não pode ser visto. Então, daí é que vem a ideia de dar ao agora o nome de "presente". Bem simples, não é? Mas não funciona em todas as línguas. Esse é o esquema básico de tempo só de algumas línguas, como é o caso do português.

Em todas as línguas, cada tempo tem um sentido próprio e serve para uma finalidade específica de acordo com as necessidades expressivas dos falantes. O português é uma língua que tem um sistema verbal bem complexo com muitos tempos em formas simples (com uma palavra verbal apenas) e com formas compostas (com mais de uma palavra verbal), expressando os diversos pontos da linha do tempo que conseguimos enxergar e usar para falar dos eventos do mundo.

> Muitas vezes, quando conseguimos explicar para os alunos o sentido que uma palavra tem, os ajudamos a compreender o conceito por ela expresso e por que, lá atrás, a escolheram para representar esse conceito. Há dicionários especializados que nos ajudam nesse caminho de conhecer os sentidos que as palavras costumavam ter, especialmente os dicionários etimológicos. No Brasil, temos, por exemplo, o *Dicionário etimológico da língua portuguesa*, de Antônio Geraldo da Cunha (Editora Lexikon), que é uma obra a que recorro constantemente em busca de informações desse tipo.

Já quando falamos de *modo verbal,* estamos falando da forma como imaginamos a realização/concretização do evento que estamos descrevendo. Na nossa cultura, enxergamos apenas duas formas de descrever esses eventos, que se expressam por meio de dois modos verbais:

a. o *modo indicativo* – exprime coisas que damos como "reais", "certas de acontecer", "sem dúvida", mesmo que estejam no futuro e ainda não tenham acontecido. Exemplos:
   - Eu <u>sou</u> assim.
   - Você <u>vai comer</u>.
   - Ela <u>caiu</u> de moto.

Reforce com seus alunos como esses verbos conjugados no indicativo nos passam uma ideia de "certeza" ou "convicção" sobre essas coisas acontecerem, terem acontecido, serem assim. É a expressão do *sentido modal indicativo*. Para expressar o sentido modal indicativo, os verbos usam desinências específicas em cada tempo desse modo.

b. o *modo subjuntivo* – exprime coisas que damos apenas como "possíveis" ou "desejáveis", sobre as quais temos alguma "previsão" ou "esperança" de que aconteçam ou não. Veja:
   - Ah! Se eu <u>fosse</u> assim...
   - Tomara que você <u>coma</u>.
   - Se ele <u>cair</u> de moto vai ser complicado para a família!

Esses exemplos nos mostram que esses verbos nos dão a sensação de incerteza sobre esses eventos. Eles exprimem "desejos", "temores", "possibilidades" e outras formas de incerteza. Esse é o *sentido modal subjuntivo*. Para expressar o sentido modal subjuntivo, os verbos também usam desinências específicas em cada tempo desse modo.

As gramáticas normativas dizem que existe um terceiro modo verbal, que seria o *imperativo*. Na verdade, o imperativo não é um modo verbal "de verdade", e por diversas razões:

a. primeiro, porque ele não afeta de forma alguma o sentido que atribuímos às formas como as coisas vão se concretizar/realizar;
b. segundo, porque ele não tem formas privativas, ou seja, só dele, mas usa formas dos presentes do indicativo e do subjuntivo;
c. terceiro, porque não utilizamos o imperativo na representação de eventos do mundo e nem temos como localizar suas formas verbais imperativas na linha do tempo, pois nem sabemos se elas vão mesmo acontecer. Mas aí já usaremos outro verbo em outro modo para dizer se as coisas aconteceram ou não (para a ordem "Faça isso", por exemplo, usaríamos: "Ele fez" (do indicativo) ou "Se ele tivesse feito" (do subjuntivo)). Apenas usamos o imperativo para dar ordens ou fazer pedidos, ou seja, para realizar os *atos de fala*[3] "mandar" ou "pedir". "Faça isso", "Faz isso", "Coma aquilo/Come aquilo", "Sai daqui!/Saia daqui!" são formas de construção chamadas de imperativas.

Por isso, o *sentido imperativo* é um sentido de *ordem* ou de *pedido*, mas não tem nada a ver com a concretização do evento, que, como disse, nem sabemos se será concretizado. Logo, o imperativo não é exatamente um modo verbal, mas uma *forma de uso* específica dos verbos conjugados nos presentes do indicativo e do subjuntivo.

Além do indicativo e do subjuntivo, que são modos verbais "mesmo", e do imperativo, que, como vimos, é uma forma especial de uso do verbo para uma finalidade pragmática, as gramáticas ainda falam das chamadas formas nominais como se fossem "modos verbais": os *infinitivos pessoal* e *impessoal*, o *gerúndio* e o *particípio*. Cada uma tem sua finalidade, mas vamos descrever isso com calma quando estivermos falando dos verbos, e não aqui nas desinências, para não gerar excesso de informações cruzadas em um mesmo tema de estudo. Então, voltemos ao modo e ao tempo.

O modo e o tempo são marcados nos verbos por meio de formas chamadas de *desinências modo-temporais*, que são *formas com dois morfemas cada uma*. Decorar as desinências modo-temporais isoladamente, ou seja, soltas dos verbos em que aparecem, também não é um tema relevante para alunos de educação básica nem faz falta alguma à vida deles. Assim como as desinências número-pessoais, elas são tema de cursos de Letras ou de Linguística, para pessoas que vão se aprofundar no conhecimento dos verbos e de sua estrutura interna. Não perca tempo tentando fazer seus alunos decorarem essas listas de desinências, a menos que algum deles queria ser um linguista. O fato é que devemos treinar com eles o uso dos verbos já formados, em seu formato utilizável na língua, e é com isso que devemos usar o tempo de sala.

Mas, para você que é professor, é importante saber como um verbo "ideal", isto é, um verbo bem-comportado e com todas as partes no seu devido lugar é estruturado em português. Nem todo verbo que usamos tem todas essas partes. Mas, quando tiver, elas devem estar nessa ordem, da "esquerda para a direita":

Radical	Vogal temática verbal	Desinência modo-temporal	Desinência número-pessoal
cant	á	va	mos
dev	ê	sse	mos
part	i	ría	mos
comp	o	re	mos

Lembrando sempre:

a. o radical serve para nos indicar a ideia básica do verbo naquela frase;
b. a vogal temática verbal nos dá a indicação de qual conjugação devemos usar neste verbo (1^a, 2^a, 3^a ou 4^a);
c. a desinência modo-temporal nos traz duas ideias: 1. a ideia de modo (como imaginamos a realização do evento representado pelo verbo) e de tempo (serve para localizar o evento representado pelo verbo na linha do tempo em relação aos outros eventos);
d. a desinência número-pessoal serve também para indicar duas ideias: a ideia de pessoa (1^a, 2^a ou 3^a) e a ideia de número (singular ou plural). Essas duas ideias juntas servem para fazer concordância com o sujeito da frase, quando ele existir, especialmente na variante de prestígio da língua.

> Ao final desta parte em que falamos sobre as desinências, seu aluno pode estar se perguntando por que você falou apenas de desinências verbais e nominais. Por que não se fala de desinências para advérbios e preposições, por exemplo? É simples. Lembre-os: as desinências são as formas usadas para fazer "flexão de palavras", ou seja, para permitir que as palavras mudem de formato, sem criar novas palavras, de maneira que elas possam concordar (combinar) umas com as outras na frase. No português, apenas as palavras nominais e os verbos se flexionam para concordar entre si. Logo, só existem desinências para palavras nominais e verbais. Palavras como advérbios e preposições, por exemplo, não têm flexão, não fazem concordância e, portanto, não têm desinências.

Quando juntamos a *vogal temática*, a *desinência modo-temporal* e a *desinência número-pessoal*, formamos a *terminação do verbo*, que é acrescentada ao radical para formar a palavra verbal completa. Como já disse, conhecer a forma completa dos verbos é importante para seus alunos. Assim, na seção "Exemplos de conjugação de verbos regulares", apresento os verbos com seus radicais e terminações separados e que você poderá apresentar em blocos para seus alunos. Você vai se dar conta da complexidade de nosso sistema verbal e poderá, por isso mesmo, permitir que seus alunos usem os quadros que estão ali para consulta até que consigam utilizar os verbos de memória.

AS FORMAS QUE SERVEM PARA CRIAR NOVAS PALAVRAS

Na seção anterior, estudamos que as desinências servem para flexionar as palavras, ou seja, para alterar sua forma, permitindo concordância, mas sem criar uma nova palavra (elas apenas "entortam" a palavra original). As desinências também nunca mudam uma palavra de classe (por exemplo, elas não conseguem fazer uma palavra que era um nome se transformar em um adjetivo). Há, porém, na nossa língua um grande número de formas chamadas de *afixos* que servem para formar novas palavras e que, inclusive, permitem mudar uma palavra de classe. O nome "afixo" é bem interessante: ele lembra algo de fora que você prende na palavra, fixa na palavra. Essa é mesmo a ideia!

Os afixos são muito numerosos e provêm de várias línguas diferentes. Decorar uma lista de afixos é uma tarefa sem sentido e não vamos listar aqui as dúzias de afixos que usamos em nossa língua. Porém, é conveniente que seus alunos conheçam alguns exemplos agrupados pelos sentidos que eles conferem às palavras às quais se agregam. Aliás, o sentido é sempre a parte mais importante do estudo e deve ser sempre enfocado por você. *Se não tem sentido, não adianta estudar.* Por isso, ao lado de cada palavra, vou apresentar o sentido que o afixo tem na palavra em questão:

> Isso é tão importante, mas, infelizmente, tão desprezado em nossas escolas. Se as gramáticas normativas fossem a Constituição de um país, certamente o seriam em um país de governo absolutista e despótico. Há uma mania generalizada em nossas gramáticas normativas de fazer crer que nossa língua é bem-comportada e que uma regra serve sempre, para tudo e eternamente. Pois eu creio que, a esta altura da leitura, você já percebeu a importância de explicar aos alunos que essas regras não duram nem cinco minutos na vida real. Ou seja, seria bom que eles percebessem que o sentido de uma forma pode mudar de palavra para palavra, o sentido e a categoria gramatical de uma palavra podem mudar de frase para frase, e o sentido das frases muda de texto para texto com a mesma facilidade que os sentidos dos textos mudam de uma situação da vida para outra situação. Resumindo: poucas coisas numa língua natural são incondicionalmente fixas, pouquíssimas regras são realmente rígidas, e devemos estar atentos para isso. Se formos continuar na metáfora dos governos que usei antes, uma língua natural é realmente uma democracia em que o povo tem voz e voto...

a. ideia de lugar, posição, colocação:
- cisplatino → <u>cis</u>- *platino* (*cis* significa "antes de algum lugar")
- extraviar → <u>extra</u>- *viar* (*extra* significa "para fora do alcance")
- intravenoso → <u>intra</u>- *venoso* (*intra* significa "para dentro")
- postônico → <u>pos</u>- *tônico* (*pós* é "depois de alguma coisa")
- ultramar → <u>ultra</u>- *mar* (*ultra* é "além de algum lugar")
- endoscopia → <u>endo</u>- *scopia* (*endo* é "para dentro")
- perímetro → <u>perí</u>- *metro* (*peri* significa "ao redor")
- armário → *arm* -<u>*ári*</u> *-o* (esse *ari* de armário significa "lugar" – de colocar algo, de guardar algo, por exemplo)
- galinheiro → *galinh* -<u>*eir*</u> *-o* (esse *eir* de galinheiro também significa "lugar", mas um lugar maior, por exemplo, de criar animais ou plantar algo)

b. ideia de movimento, reposicionamento, mudança de *status*:
- diagnóstico → <u>dia</u>- *gnóstico* (*dia* significa "através")
- intrometer → <u>intro</u>- *meter* (*intro* significa "para dentro")
- progredir → <u>pro</u>- *gredir* (*pro* significa "para a frente")
- retroceder → <u>retro</u>- *ceder* (*retro* significa "para trás")

c. gradação, tamanho, quantidade:
- paredão → *pared* -<u>*ão*</u>
- barcaça → *barc* -<u>*aç*</u> *-a*
- dentuça → *dent* -<u>*uç*</u> *-a*
- povaréu → *pov* -<u>*aréu*</u>
- bocarra → *boc* -<u>*ar(r)*</u> *-a* (*ão, aç, uç, aréu* e *ar(r)* significam "grande", "maior do que o normal")
- paredinha → *pared* -<u>*inh*</u> *-a*
- velhote → *velh* -<u>*ot*</u> *-e*
- folheto → *folh* -<u>*et*</u> *-o*
- cãozinho → *cão* -<u>*(z)inh*</u> *-o*
- casebre → *cas* -<u>*ebr*</u> *-e*
- módulo → *mód* -<u>*ul*</u> *-o*
- versículo → *vers* -<u>*ícul*</u> *-o*
- partícula → *part* -<u>*ícul*</u> *-a* (*inh, ot, et, ebr, ul* e *icul* significam "pequeño", "menor do que o normal")

58 Morfologia para a educação básica

Como dissemos antes, alguns afixos promovem a mudança da classe das palavras. Dentre eles, podemos citar:

a. formação de nomes a partir de adjetivos:
*   cruel > crueldade → *cruel -dad -e* (*dad* traz uma ideia que transforma uma propriedade (de ser cruel) em uma coisa (a crueldade). Veja que isso é o que fazem todos os afixos destacados a seguir - *idão, ez, ic, ism* e *ist*)
*   manso > mansidão → *mans -idão*
*   altivo > altivez → *altiv -ez*
*   belo > beleza → *bel -ez -a*
*   tolo > tolice→ *tol -ic -e*
*   herói > heroísmo → *hero -ísm -o*
*   real > realista → *real -ist -a*
b. formação de nomes a partir de verbos:
*   lembrar > lembrança → *lembr -anç -a* (*anç* muda a ideia original de evento, de algo que está acontecendo (lembrar), para uma ideia de coisa (a lembrança). O mesmo é que fazem os afixos *anci, ent, ador, (s)são* e *ment* nas palavras a seguir)
*   observar > observância → *observ -ânci -a*
*   agir > agente → *ag -ent -e*
*   jogar > jogador → *jog -ador*
*   agredir > agressão → *agre -(s)são*
*   ferir > ferimento → *feri -ment -o*
c. formação de adjetivos a partir de nomes:
*   mania > maníaco → *man + -íac + -o* (já neste caso, *iac* transforma a ideia original de coisa (mania) em uma ideia de algo ou alguém que tem essa coisa em si, como uma propriedade intrínseca (maníaco). É o que fazem os afixos *aic, ad, ar, al, eng, est, os* e *in* nas palavras que seguem)
*   prosa > prosaico → *pros + -aic + -o*
*   barba > barbado → *barb + -ad + -o*
*   escola > escolar → *escol + -ar*
*   lei > legal → *leg + -al*
*   mulher > mulherengo → *mulher + -eng + -o*
*   céu > celeste → *cel + -est + -e*

- veneno > venenoso → *venen* + *-os* + *-o*
- cristal > cristalino → *cristal* + *-in* + *-o*

d. formação de adjetivos a partir de verbos:
- resistir > resistente → *resist -ent -e* (aqui a mudança é bem interessante mesmo: a ideia original de evento (o que acontece - resistir) é mudada para a ideia de algo ou alguém que faz aquilo que o evento expressa (o que resiste é "resistente"). A mesma mudança é feita pelos afixos *ível, iç, our* e *óri* nas palavras que seguem)
- perecer > perecível → *perec -ível*
- quebrar > quebradiço → *quebra -(d)iç -o*
- durar > duradouro → *dura -(d)our -o*
- iniciar > iniciatório → *inicia -(t)óri -o*

Além da grande variedade de sentidos que são acrescentados às palavras a que se agregam, sentidos dos quais apresentamos aqui apenas uma pequenina amostra do que ocorre no português, vimos que os afixos exercem duas diferentes funções gramaticais:

> Hora de aumentar as informações para os alunos? Bem, existem afixos que são colocados antes do radical e outros que são colocados depois do radical da palavra. Quando o afixo é colocado antes do radical da palavra, é chamado de *prefixo*; quando é colocado depois, é chamado de *sufixo*. Assim, tanto os prefixos quando os sufixos são sempre *afixos*. Com alunos de um nível mais básico, você pode falar apenas de "afixos"; com alunos mais avançados, pode apresentar essa diferença terminológica, isso se desejar.

a. sempre modificar o sentido básico da palavra que lhe serve de "base", acrescentando-lhe ideias como *lugar, movimento, gradação, negação, relações* diversas etc. e;

b. às vezes, *alterar a categoria da palavra* que lhe serve de "hospedeira".

Também, é importante lembrar, mais uma vez, que os afixos nunca participam da estruturação sintática da frase no sistema de concordância de língua, como o fazem as desinências, pois os afixos não estão sujeitos à concordância nominal nem à verbal. Ou seja, como você viu, afixos e desinências são formas muito diferentes, que fazem coisas muito diferentes na estrutura da língua portuguesa. Agora, passaremos a ver palavras que apresentam mais de um radical.

As palavras compostas

ALGUMAS RAZÕES PARA ESTUDAR E ENSINAR ESTE CONTEÚDO: A construção das palavras compostas e o comportamento morfossintático dessas palavras em português são uma dificuldade em especial na língua, principalmente em sua ortografia. Este tema curto ajudará seus alunos a entender esse problema e a lidar com ele com menor dificuldade na hora de produzir textos escritos sem o auxílio de corretores digitais.

Como você deve ter percebido, os exemplos que demos até agora foram de palavras com um único radical. Porém, a língua permite a formação de palavras com mais de um radical, seja utilizando o hífen (como "guarda-roupa" e "cor-de-rosa"), seja juntando os radicais em uma estrutura única (como "girassol" e "pernilongo"). Se pensamos em unidades lexicais compostas sem hífen, como "dor de cabeça" e "guarda de trânsito", a complicação se multiplica. Essas combinações são possíveis, inclusive, juntando-se palavras de classes gramaticais diferentes, como *verbo + adjetivo* ou *nome + adjetivo*, entre outras possibilidades.

Mais uma vez, como nossas palavras misturam elementos de diversas línguas, essas junções apresentam dificuldades adicionais ao estudante, especialmente para a ortografia. E você, professor, já sabe como as regras de uso do hífen são complexas. Outro conjunto enorme de regras cheio de exceções é o dos plurais de palavras compostas. Afinal de contas é "couves-flores" ou "couve-flores"? Essas e outras dúvidas em relação aos plurais de palavras compostas são muito comuns, inclusive entre os profissionais da escrita.

> As regras ortográficas para o português são tão complexas (e, infelizmente, tão contraditórias) que é necessário um livro específico para elas. É o caso do *Guia de acentuação e pontuação em português brasileiro*, de minha autoria, publicado também pela Editora Contexto. Nele, são apresentadas as bases de nossa ortografia e, creio, trata-se de um material que pode ser valioso para você e seus alunos em sala de aula.

Alguns gramáticos insistem em buscar regras que expliquem todos os plurais dos compostos, mas, logo após as regras, é sempre necessário apresentar os quadros de exceções... Disso se conclui que, quando o assunto é a ortografia das palavras na língua portuguesa, as palavras são como são e ponto final. Não há regras que deem conta de todas as variações e exceções. Por isso, listar regras parciais e cheias de falhas, que alguns estudiosos formulam, acaba atrapalhando mais do que ajudando. O único caminho seguro é consultar um bom material de pesquisa em caso de dúvida, como, por exemplo, o *Vocabulário ortográfico da língua portuguesa* (Volp), da Academia Brasileira de Letras, seja em sua versão digital (https://www.academia.org.br/nossa-lingua/vocabulario-ortografico) ou impressa, pois o Volp apresenta a forma plural de todas as palavras compostas (o que reafirma o fato de que as regras, por si sós, não dão conta de resolver o problema. Então, qual é a forma mais produtiva de ajudar seus alunos com esses plurais? Segue um exemplo de trabalho interessante:

> Atividade: Passe as frases abaixo para o plural em tudo o que for possível. Em caso de dúvida, consulte o Volp:
>
> a. O rapaz carregou muita couve-flor para o mercado ontem.
> R: Os rapazes carregaram muitas couves-flores para os mercados ontem.
> b. Aquela professora franco-portuguesa nos deu uma ótima aula de francês hoje pela manhã.
> R: Aquelas professoras franco-portuguesas nos deram umas ótimas aulas de francês hoje pela manhã.

Observe que, em uma atividade assim, os alunos estarão treinando e memorizando diversos aspectos da língua além do plural dos compostos: concordâncias nominal e verbal, ortografia, construção frasal e, o que é mais importante, análise do sentido da sentença, pois eles terão que verificar onde o plural é cabível e onde ele ficaria sem sentido, o que concorre, é claro para o desenvolvimento da competência de escrever em geral.

As expressões idiomáticas

ALGUMAS RAZÕES PARA ESTUDAR E ENSINAR ESTE CONTEÚDO:

Expressões idiomáticas são das mais importantes marcas de identidade de um povo. Incompreendidas ou tratadas como "vícios de linguagem" por alguns gramáticos, elas precisam ser valorizadas e encaradas como parte importantíssima de nossa linguagem cotidiana. É aí que reside a maior relevância deste capítulo que, embora curto, permitirá muitas atividades com seus alunos.

Uma das formas mais interessantes que as línguas utilizam na comunicação cotidiana ocorre com as chamadas *expressões idiomáticas*. Essas expressões são combinações de palavras que não seguem obrigatoriamente a gramática básica da língua nem respeitam os sentidos costumeiros das palavras. O mais interessante nessas expressões é que elas são muito localizadas regionalmente e refletem, em alto grau, a *identidade cultural* de seus falantes. O Brasil é muito pródigo em expressões desse tipo. Você mesmo usa um monte delas, tenho certeza. Estruturas como as que seguem são exemplos de algumas expressões tipicamente brasileiras. Aliás, aproveite e procure descrever, com seus alunos, qual é o sentido que essas expressões apresentam em sua comunidade, se você as conhecer:

64 Morfologia para a educação básica

- *estar frito –* _____
- *uma mão na roda –* _____
- *quebrar a cara –* _____
- *procurar cabelo em ovo –* _____
- *levar um chá de cadeira –* _____
- *dar um rolê –* _____
- *ficar com um pé atrás –* _____
- *sem pé nem cabeça –* _____
- *vender a mãe e não entregar –* _____
- *cair do salto –* _____
- *rodar a baiana –* _____
- *quebrar o galho –* _____
- *dar para o gasto –* _____

Com base nos exemplos anteriores, fica claro que:

a. uma expressão idiomática só funciona como um "bloco", como um conjunto. Assim, quando se faz uma análise sintática ou uma classificação de palavras da língua, as expressões idiomáticas até podem ser divididas (se queremos conhecer sua estrutura interna), embora o mais correto seja *analisá-las como uma parte única*. Porém, quando o assunto é o sentido da expressão, sua significação, elas não podem ser divididas e funcionam apenas como uma palavra única, com um sentido único para toda a expressão;

b. nas expressões idiomáticas, as palavras não têm o mesmo sentido costumeiro que têm no cotidiano. Por exemplo, na expressão "testa de ferro" ninguém está falando da testa das pessoas e, muito menos, que essa testa é de metal, de ferro. A expressão fala de uma pessoa que é usada para fazer algo errado em lugar de um mandante, daquele que é o real culpado pela coisa. Essa pessoa é o "testa de ferro", porque é ela quem leva "as pancadas" no lugar do outro;

c. as expressões idiomáticas podem ter sentidos diferentes em diferentes lugares do país, o que lhes confere a peculiaridade de expressar um valor de identidade dos falantes, uma das coisas mais importantes que uma língua lhes atribui. Portanto, não é algo que deva ser tratado com os alunos de forma secundária ou superficial;

d. finalmente, podemos ver que os sentidos que as expressões idiomáticas expressam não são, na quase totalidade das vezes, expressos por outras palavras isoladas da língua. Ou seja: as expressões idiomáticas são construídas pelas pessoas para expressar, de forma complexa e com certas nuanças específicas, sentidos para os quais a língua apresenta uma lacuna lexical. Logo, as expressões idiomáticas não são vícios nem "figuras" adicionais na língua: elas são parte essencial da língua, usadas para dizer coisas que, de outra forma, não se diria com essas nuanças de sentido que se diz por meio das expressões.

Tenho certeza de que você e seus alunos conhecem mais expressões idiomáticas e que elas são muito utilizadas em sua comunidade. Que tal fazer uma pesquisa com eles para listar aqui algumas delas, bem como os sentidos que recebem, adicionando algumas características sociolinguísticas a essas expressões? Como exemplo de formulário da pesquisa, pode-se usar o quadro a seguir:

Expressão	Sentido em sua comunidade de fala	É própria de uma faixa etária? Se é, de qual faixa etária?	É própria de uma profissão? Se é, de qual profissão?	É própria da área urbana central, da periferia ou da área rural em sua comunidade?
		( ) Não ( ) Sim – Qual? _____	( ) Não ( ) Sim – Qual? _____	( ) Central ( ) Periferia ( ) Rural ( ) Todas
		( ) Não ( ) Sim – Qual? _____	( ) Não ( ) Sim – Qual? _____	( ) Central ( ) Periferia ( ) Rural ( ) Todas
		( ) Não ( ) Sim – Qual? _____	( ) Não ( ) Sim – Qual? _____	( ) Central ( ) Periferia ( ) Rural ( ) Todas

66   Morfologia para a educação básica

Assim, terminamos as informações essenciais para seus alunos sobre a *estrutura interna das palavras da nossa língua*, ou seja, sobre a *morfologia interna do português*. A partir de agora, vamos ver como ensinar a maneira como essas palavras são organizadas em *categorias funcionais*, ou seja, como as palavras podem desempenhar funções nas frases que construímos em nossa língua. Vamos começar, portanto, a trabalhar com as *classes lexicais* (alguns chamam de *categorias lexicais, classes de palavras* ou, ainda, *categorias de palavras*) do português.

Os sistemas classificatórios tradicionais e as palavras

ALGUMAS RAZÕES PARA ESTUDAR E ENSINAR ESTE CONTEÚDO:

Agora que seus alunos já sabem como as palavras são compostas internamente no português, é hora de compreender seu funcionamento na construção das frases da língua, ou seja, como aquelas propriedades morfológicas que eles estudaram expressam valores de funcionamento na gramática. Para isso, no entanto, precisamos de uma introdução em que fique mais claro para eles por que as palavras são classificadas em grupos, como esses grupos funcionam e por que são importantes na língua. É o que veremos neste capítulo.

Quando classificamos as coisas, ou seja, quando dividimos as coisas em *classes* ou *tipos*, podemos utilizar diferentes critérios. O uso de critérios diferentes resulta em conjuntos diferentes, concorda? Por exemplo, se alguém lhe der um monte de lápis de cor e pedir para você os dividir em conjuntos usando alguma semelhança como critério, qual será o resultado? Quantos conjuntos haverá? Depende,

Um critério é uma regra que criamos e aplicamos para realizar alguma tarefa, como, por exemplo, separar coisas. Quando falamos de palavras, podemos usar como critérios válidos de separação colocar na mesma classe as palavras que tenham os mesmos tipos de formas internas ou as palavras que exerçam a mesma função sintática na frase, por exemplo.
Ao longo da história, os gramáticos criaram muitos critérios para classificar os fenômenos nas línguas que estudaram. Mas nem sempre esses critérios foram adequados à natureza desses fenômenos, o que causou e ainda causa uma confusão danada até hoje!

68　Morfologia para a educação básica

não é? Depende do critério que você vai utilizar: você pode dividir os lápis por cor, por tamanho, por marca, por estado geral (mais gasto, mais novo, quebrado, inteiro etc.), você pode, inclusive, alegar que cada lápis é uma "unidade de lápis", que isso é uma semelhança, e dividir apenas por quantidade, montando grupos misturados com dez lápis cada um. Enfim, as possibilidades são muitas. Qual dessas divisões possíveis está certa? Todas! A única diferença estará nos critérios que você criou e aplicou ao fazer a divisão.

A mesma coisa acontece quando se classificam as palavras de uma língua (e tudo mais que constitui uma língua). Dependendo dos critérios que usamos, pode haver mais ou menos classes resultantes. A tradição gramatical brasileira divide as palavras em dez classes diferentes. Essa tradição gramatical, como dissemos anteriormente, é baseada no latim e nas antigas descrições filosóficas dessa língua. Nem sempre isso corresponde à realidade do português brasileiro, como temos repetidamente visto aqui. Deixe-me dar um exemplo claro dessa confusão de critérios.

> Como disse na introdução deste livro, muitas das ideias que as gramáticas normativas trazem são lá do século XV (ou mesmo anteriores), mas são apresentadas como se fossem, ainda, úteis e modernas. Vamos ver um exemplo disso aqui para tentar entender por que algumas coisas que essas gramáticas apresentam não fazem muito sentido para nós hoje.
>
> Você já deve ter tido problemas ao ensinar "substantivo concreto" e "abstrato" para seus alunos. Essa, sim, é uma separação difícil de se fazer! E por quê? Porque os critérios para isso são muito complicados. Como assim? Veja: lá na história antiga, um grupo de religiosos resolveu descrever línguas e aplicar critérios da Bíblia nessa descrição. Isso, é claro, não podia dar muito certo... É simples de entender: a Bíblia não foi criada para fazer gramáticas! Sua finalidade é outra, totalmente diferente. Mas esses religiosos queriam uma gramática "racional" com base em sua teologia (que eles achavam a única coisa realmente racional, verdadeira e importante no mundo) e pegaram, então, o relato da criação para começar.

Você deve se lembrar de como é descrita a criação do mundo na Bíblia. Basicamente, a narração bíblica afirma que Deus falava e as coisas apareciam. A descrição é que a matéria que Deus usa para criar é a *palavra*, Sua *fala*, e que, a partir da fala de Deus, aparecem as coisas no mundo, ou seja, as *substâncias* do mundo. Por isso, esses gramáticos resolveram chamar as palavras que dão nomes às coisas que existem materialmente no mundo de *substantivos*. Até aí, a gente até se acostuma. Mas não parou por aí... Tudo o que Deus falou e virou substância acabou virando uma coisa *concreta, real*, que ocupa algum espaço físico no mundo: animais, plantas, terra, ar, luz, pessoas etc. Então, as palavras que dão nomes a essas coisas "concretas" seriam os *substantivos concretos*. Porém, os estudiosos sabiam que há coisas no mundo que não têm matéria, que não têm substância, mas que nascem/decorrem das coisas que têm matéria. Complicado? Mais ou menos. A ideia é a seguinte: o amor, por exemplo, é uma "coisa", um sentimento. Mas o amor não tem matéria, não tem substância, não ocupa lugar no mundo. Então, o amor é *sem matéria*, ou seja, *ab* (que significa "sem") e *strato* (que significa "substância", "essência material"). O resultado: "amor" é uma palavra que representa uma coisa que não tem matéria, mas que decorre de outra que tem matéria. Assim, "amor" é um *substantivo abstrato*, ou seja, um caso de "substância sem substância", de "substância que depende de outra substância". Até o nome já é contraditório, na verdade. Aí eu pergunto: além de construção de cultura geral e histórica, para que seus alunos vão usar isso na análise linguística e na construção das competências comunicativas deles? Em nada. E, além disso, seria necessária uma boa dose de compreensão teológica para entender isso tudo, o que os alunos não têm. E, depois, querem que os meninos entendam coisas assim, mas sem contar toda a história... Difícil, né?

Bem, e por que você tem que ensinar hoje essa "confusão" entre Bíblia e gramática que esses religiosos fizeram lá atrás? Na verdade, não deveria ter, até porque separar substantivos concretos de abstratos não serve para absolutamente nada em relação às competências comunicativas de seus alunos. Ninguém escreve, lê, fala ou ouve melhor porque decorou uma lista de substantivos concretos e abstratos. É pura tradição, só mesmo por

70 Morfologia para a educação básica

curiosidade ou cultura geral, porque não tem aplicação nenhuma na vida estudantil e, menos ainda, na extraescolar. E sabe qual é a principal razão para a gente não ter que estudar isso? *Porque os substantivos não são coisas, não são matéria nem substância do mundo: os substantivos são apenas palavras! E palavras precisam ser entendidas como palavras, e não como se fossem as coisas de que as palavras falam!*

Enfim, se queremos fazer uma classificação de palavras (ou de quaisquer outros elementos de uma língua) em uma gramática, não deveríamos usar critérios religiosos, filosóficos, geográficos, biológicos etc. Precisamos usar critérios linguísticos! Por isso, neste livro, usamos critérios funcionais para dividir as palavras da língua. A aplicação desses critérios resulta em apenas *cinco classes de palavras* (ao invés das dez classes tradicionais).

> Critérios funcionais são os que verificam a natureza da palavra, definida em sua morfologia e no seu sentido (se a palavra é nominal, verbal, adverbial etc.), e a relação dessas características com a maneira como essa palavra funciona na estrutura sintática da língua (se é base da concordância, se apenas concorda com as outras, se nunca concorda com outra palavra etc.). Em outras palavras: critérios funcionais levam em conta como a morfologia das palavras define seu funcionamento nas frases da língua.

Essa classificação funcional nos ajuda mais do que a classificação tradicional em relação ao aprendizado da sintaxe da língua e na compreensão da estrutura de nossas frases. Vamos ver como fica isso, então?

Como você já viu até aqui, é preciso mostrar aos alunos que as palavras do português têm características diferentes: em algumas, você pode colocar desinências e fazer flexão, mas, em outras, não pode (por exemplo: nomes e verbos usam desinências e têm flexão, advérbios e conectivos não têm desinências nem flexão); algumas palavras podem ser ligadas entre si por concordância, outras não se ligam por concordância (nomes e adjetivos se ligam, nomes e advérbios não se ligam, por exemplo), e assim por diante.

O mais interessante disso é que uma mesma palavra pode aparecer em uma frase como sendo de uma classe e em outra frase como sendo de outra classe. Isso depende do sentido que ela tem, porque *o sentido define que a palavra terá uma ou outra estrutura interna de formas funcionais*. Vamos ver um exemplo:

- João tem uma bela <u>casa</u>.
- João se <u>casa</u> hoje.

Na primeira frase, a palavra "casa" é o nome de uma coisa (uma construção de um tipo em que se pode morar). Palavras desse tipo são chamadas de "nomes", pois, na verdade, dão nomes a tudo que existe ou que imaginamos. Como essa palavra está funcionando como um nome (ou seja, com sentido de nome), ela tem gênero (é feminina: "bela casa") e está funcionando como base para a concordância da palavra adjetiva que a acompanha nessa frase ("bela"). Em outros termos:

> *O fato de uma palavra estar funcionando com o sentido de um nome a obriga a ter a morfologia de um nome.*
> *Essa correspondência entre o sentido categorial que uma palavra em uso assume e as peculiaridades morfossintáticas da categoria correspondente vale para qualquer palavra e qualquer classe lexical.*

Por isso, no segundo exemplo, a mesma palavra expressa uma coisa que João vai fazer, um evento que vai ocorrer. Nesse caso, ela funciona com sentido de "verbo". Agora que ela é verbo (pois tem sentido de verbo), não tem mais gênero (a palavra não é mais feminina nem masculina). Porém, como qualquer verbo no português, ela tem marca de tempo (*casa, casou, casará...*). Ela já não é mais a base de concordância e, ao contrário, é ela que está concordando com o sujeito (*João se casa/ João e Maria se casam*). Fácil de demonstrar isso, não é? Resumindo de novo, em outras palavras: *o fato de ela estar funcionando com o sentido de um verbo a obriga a ter a morfologia de um verbo*.

Como isso precisa ficar muito claro para seus alunos, quero que observe novamente que essa não é uma "mera" mudança de sentido. Toda mudança de sentido tem consequências no entendimento da língua, mas algumas mudanças de sentido podem mudar a categoria lexical da palavra e isso tem consequências na gramática também:

1. alteram-se a estrutura das palavras e suas formas componentes;
2. alteram-se as regras combinatórias das palavras nas frases; e
3. altera-se o funcionamento sintático das palavras em cada caso.

72 Morfologia para a educação básica

Vamos ressaltar algumas características funcionais da palavra "casa" utilizada nos exemplos ora com função de nome, ora com função de verbo:

- quando a palavra *"casa"* é um nome, ela tem o gênero feminino (*a casa, uma casa, bela casa*). Quando é um verbo, ela não tem gênero – nem masculino, nem feminino;
- por outro lado, quando a palavra *"casa"* é um verbo, ela pode ser flexionada para o passado, presente ou futuro, isto é, ela pode ser flexionada em tempo (*casou, casa, casará*), mas, quando ela é um nome, isso não é possível;
- quando a palavra *"casa"* é um nome, ela pode se ligar a um adjetivo, a um artigo, a um pronome possessivo, a um numeral (*bela casa, a casa, minha casa, décima casa*), mas, quando ela é um verbo, não pode;
- por outro lado, quando a palavra *"casa"* é um verbo, ela pode se ligar a um advérbio (*casa hoje, casa aqui, casa rápido, casa ilegalmente*) e, se ela estiver funcionando como nome, não pode participar desse tipo de ligação sintática.

O "espírito da coisa" é o seguinte: *uma palavra não é de uma classe – ela pode estar em uma classe, dependendo de seu sentido e de sua função na frase.* Uma classe gramatical (por exemplo, uma classe de palavras) é como uma caixinha vazia, mas com critérios para colocar as coisas ali dentro. Vamos usar os exemplos que dei com a palavra *casa* para imaginar duas caixinhas possíveis para ela: nomes e verbos.

> Lembre-se lá do exemplo dos lápis que você precisaria separar. Pense em duas caixinhas: uma para colocar os lápis novos e outra para colocar os lápis velhos, que já foram apontados. Na língua é assim também.

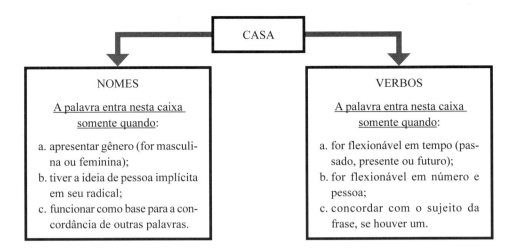

Então, as palavras da língua ficam "pulando" de uma caixinha para outra, *conforme nós precisamos delas em uma ou outra função, com um ou outro sentido.*

Vamos ver mais alguns exemplos de palavras mudando de caixinha? Nos pares de frases a seguir, uma mesma palavra está funcionando ora em uma classe, ora em outra. Essas palavras estão sublinhadas e a classe aparece entre parênteses. Veja como o sentido muda e como a palavra também muda de função:

Algumas palavras do português variam mais e outras variam menos. Também, é bom seu aluno saber que existem caixinhas mais complicadas de uma palavra entrar (como a caixinha dos conectivos) e outras mais "amigáveis" (como a caixinha dos nomes). Mas, *nenhuma palavra da língua está restrita a apenas uma função ou um sentido.*

- João gosta muito de sorvete. (advérbio)
- João gosta de muitos sabores de sorvete. (adjetivo/quantificador)

- O belo da história é o seu final. (nome)
- Esse é um belo ato de Maria. (adjetivo)

- O corte no seu dedo parece estar inflamado. (nome)
- João quer que eu corte o orçamento da empresa. (verbo)

O que essas características diferenciadas entre os usos de uma palavra nos mostram? Vamos resumir?

a. Que *cada classe de palavras, em cada uso, tem suas próprias características.*

b. Mais do que isso, elas nos mostram *que são essas características atribuídas a essas palavras que definem as regras das combinações que podem ser feitas entre as palavras na língua.*

c. Em outros termos, cada língua criou e atribuiu a cada classe de palavras *um conjunto de características que definem como as palavras funcionam*, o que se pode e o que não se pode fazer com elas.

São como as regras de um jogo: "isso pode e isso não pode". E são essas regras que nos permitem fazer o "jogo" da língua, usando as palavras para criar tudo o que falamos e escrevemos. Como são essas regras atribuídas às palavras dizem o que pode e o que não pode ser combinado, de que forma e quando, são elas que *permitem à língua criar todas as estruturas de que ela precisa para que a gente possa dizer tudo o que precisa expressar de forma adequada.*

> Mas cuidado: não deixe seu aluno pensar que isso é igual em todas as línguas do mundo. Bem diferente disso: de uma língua para outra, muita coisa muda, pois cada uma atribui às suas palavras características distintas. E é por isso que as regras são diferentes de uma língua para outra. Assim é que línguas diferentes têm gramáticas diferentes, embora possa haver algumas coisas parecidas – ou até iguais – entre elas.

Hora de uma conversa de professor

Quem se formou pela gramática tradicional, como foi exatamente o meu caso, pode ter alguma dificuldade inicial para entender – e aceitar – essas mudanças de classe em uma palavra. Inclusive, dá-se uma explicação bem tosca para "resolver" isso: "casa" (nome) é uma palavra e "casa" (verbo) é outra palavra... Bem, qualquer criança dá conta de ver que, nos dois casos, a palavra é a mesma, "casa".

Essa dificuldade advém, principalmente, do fato de que a gramática tradicional ensina que há listas previamente definidas de palavras e que há palavras naturalmente "invariáveis", e com a ideia das listas na cabeça e esse rótulo de "invariáveis" a gente acaba acreditando que algumas palavras são intocáveis e não mudam nunca de classe nem de forma. E isso pode virar radicalismo.

Certa vez, eu estava ministrando uma disciplina em curso de pós-graduação com 75 professores de português formados na sala e, quando comecei a explicar essa flexibilidade das palavras em sua classificação, uma professora um pouco mais idosa ficou furiosa, se levantou e disse, com o dedo indicador em riste, que eu estava ensinando errado, que isso era uma besteira e que ela não estava pagando o curso para aprender besteiras. Então eu, muito calmo, iniciei um diálogo com ela:

– Por que você acha que isso é uma besteira?

– Qualquer professor de português bem formado sabe que existem palavras invariáveis, que nunca mudam de classe!

– Você poderia me dar um exemplo de uma palavra assim?

– É claro que sim! Isso é a coisa mais fácil do mundo! As preposições essenciais são palavras invariáveis que nunca mudam de classe.

– Sim, OK!, você deu um exemplo de classe invariável. Agora, você poderia dar um exemplo de uma palavra que nunca muda de classe?

– Claro que posso! O "de" é uma preposição essencial que nunca muda de classe.

– Você permite que eu escreva seu exemplo na lousa?

– Se quiser, pode escrever...

Então, escrevi o exemplo que ela disse na lousa e perguntei:

– Se o "de" é uma palavra que nunca muda de classe, por que, nesta frase que você formulou, ele tem gênero masculino ("O de"), enquanto preposições não têm gênero? Por que ele está funcionando como núcleo do sujeito, o que é uma função privativa de substantivos no português? E por que ele está servindo de base de concordância para o verbo da frase ("o de... muda"), na terceira pessoa do singular, se as preposições não são marcadas em número e pessoa? Não seria o caso de o "de" ter mudado de classe aqui? Não seria o caso de ele estar funcionando aqui como um nome?

Sabe o que ela fez? Juntou suas coisas, saiu da sala pisando duro. E ainda bateu a porta quando saiu! E não voltou mais, embora eu tenha pedido para a coordenadora do curso escrever para ela dizendo que eu não tinha ficado com raiva. E que eu só queria mostrar que até mesmo ela, a professora, mudava as palavras de classe quando construía as frases e que isso era a coisa mais normal no "mundo do português"!

76 Morfologia para a educação básica

Esse é o efeito despótico das gramáticas normativas a que me referi logo ali atrás em outra nota a você, professor. Se queremos compreender nossa língua, precisamos abandonar essa postura imatura de negar os fatos, de fazer de conta que as coisas não existem ou que não acontecem apenas porque um gramático escreveu uma regra ou uma afirmação relativa ao latim há quatro ou cinco séculos. Fazer ciência, inclusive ciência linguística, exige uma postura mais maleável e que seja capaz de *incorporar as inovações científicas possíveis em cada fase da história do ensino de línguas no país*.

Por outro lado, "chutar o pau da barraca" e jogar tudo no lixo para tentar começar do zero nem vai ser possível agora e nem ajudaria, pois o choque social seria drástico demais. Estamos em uma fase de transição nesse assunto. Entretanto, ficar agarrado na gramática normativa sem arredar o pé um único milímetro também não tem ajudado nossos alunos a ler, a escrever, a ouvir e a falar melhor. Ou seja, *bom senso, boa vontade para com a ciência e equilíbrio no ensino fazem toda diferença* na hora de escolher o que, como e quando ensinar português às novas gerações. Então, voltemos às classes de palavras.

Assim sendo, seus alunos, agora, devem conhecer as características de cada classe de palavras de nossa língua, pois essas *características é que definirão toda a estrutura sintática da língua*. Só aprendendo isso é que poderemos entender o que vem logo aí adiante. Portanto, agora é hora de muita atenção! Vejamos, para começar, quais são as *grandes classes funcionais de palavras* que temos no português e suas subclasses (veja que uso, na segunda coluna, a terminologia tradicional para facilitar as coisas):

Classes	Subclasses possíveis (conforme a terminologia tradicional)
Nominais que funcionam como base de concordância	• substantivos • alguns pronomes (os que estejam funcionando como base)
Nominais que funcionam como adjetivos	• adjetivos • alguns pronomes (os que concordam com os nomes) • nominais que funcionam como quantificadores (alguns numerais fazem isso e outros não, como veremos) • artigos
Verbos	(não há subclasses funcionais de verbos)
Advérbios	(não há subclasses funcionais de advérbios)
Conectivos	• preposições e conjunções

Como você pode estudar essas grandes classes com seus alunos? Primeiro, convém apresentar cada classe dessas em um quadro que deve ser entendido como sendo aquela "caixinha" da classe de palavras de que tenho falado. Nesse quadro, você vai ver os critérios que devem ser obedecidos para a palavra se encaixar em cada classe. Depois, você pode apresentar a eles outros quadros com mais detalhes, com as características das subclasses de palavras de nossa língua e explicar uma a uma o que há de importante nelas, com muita paciência, muito tempo, dando muitos exemplos e exercitando muito cada uma delas. Assim, creio que vai ficar mais fácil para eles entenderem como essas classes de palavras funcionam. Vamos lá, então?

As classes nominais: nomes e nominais adjetivos

ALGUMAS RAZÕES PARA ESTUDAR E ENSINAR ESTE CONTEÚDO: As classes nominais são as mais numerosas e, além disso, uma delas é a base do sistema sintático do português, que se constrói ao redor dos nomes. É essencial aprender as propriedades dessas classes e reconhecer sua importância para o sistema sintático da língua se queremos estar aptos a compreender a estrutura sintática e a dominar aspectos da escrita como a pontuação e a construção de períodos.

Vamos começar este estudo das classes de palavras do português pelas classes nominais. É melhor e mais intuitivo para os alunos. E dá suporte posterior para o estudo das demais classes.

Existem duas grandes classes nominais em nossa língua:

CLASSES NOMINAIS DO PORTUGUÊS

Nomes – são as palavras nominais que:
1. funcionam como base de concordância para as palavras nominais adjetivas (por meio da concordância nominal); e 2. quando estão ocupando a posição de núcleo do sujeito das frases, atuam como base para os verbos (por meio da concordância verbal). São as palavras que as gramáticas tradicionais chamam de "substantivos" (por causa daquela história das "substâncias" que já contei para você).

Nominais adjetivos – são as palavras que aparecem nas frases concordando com os nomes (com as bases nominais) por meio de concordância nominal. Nas gramáticas tradicionais há várias classificações diferentes para os nominais adjetivos: *artigos, adjetivos*, alguns *pronomes* e algumas das palavras que são chamadas de *numerais*. Na verdade, todas essas subclasses de palavras funcionam como nominais adjetivos, mas vamos ver uma a uma.

Para apresentar as características de cada classe nominal, vamos utilizar quadros-resumo que permitem ter uma visão mais dinâmica de cada uma e de suas características. Observe atentamente os quadros e os comentários que se seguirão a eles.

NOMES

QUADRO DESCRITIVO DA CLASSE DOS NOMES

Classes		Características	Combinam com
Nomes (que funcionam como base de concordância)	Nomes	• Todo nome é marcado em 3ª pessoa [A <u>casa é</u> bonita] • Podem ser masculinos ou femininos (marca de gênero) [gato/gata] • Podem ser singulares ou plurais (marca de número) [gatos/gatas] • Funcionam como a base da combinação com outros nomes e com o verbo [<u>O gato preto bebeu</u> o leite]	• Nominais que funcionam como adjetivos • Verbos • Nomes protegidos por conectivo
	Alguns pronomes como *eu, tu, ele, a gente* etc., funcionando como bases de concordância	• São marcados em pessoa conforme cada caso (1ª, 2ª ou 3ª) [eu/tu/ele] • Podem ter marca de gênero [ele/ela] • Podem estar no singular ou no plural [eles/elas] • Também atuam como base da combinação com certos nomes e com o verbo [<u>Eu mesmo quebrei</u> o pote.]	• Verbos • Em casos raros, com adjetivos – Ex.: <u>Ela mesma fez isso.</u>

Vamos ressaltar agora algumas coisas importantes sobre nossa "caixinha" de nomes:

▶ ***Como definir as classes nominais em nossa língua?*** Muito simples: apenas as classes nominais de nossa língua possuem marcas e/ou flexão de gênero, logo, apenas elas podem ser masculinas ou femininas. Assim, se a palavra tiver gênero (se a palavra é masculina ou se é feminina), é uma palavra nominal.

80 · Morfologia para a educação básica

▶ *Como saber se palavra nominal é um nome ou um nominal adjetivo?*
Também é simples: observe qual está funcionando como base e qual está obedecendo a base. Usar exemplos nesses casos é sempre essencial para os alunos. Vamos começar pelas palavras que funcionam como bases nas frases a seguir:

a. O menino obediente foi premiado pelo professor.
b. Uma laranja azeda estraga todo o suco.
c. O muito comer é danoso à saúde.
d. O de é uma palavra monossílaba.
e. O bonitão estava se achando o maioral.

Nessas frases, os nomes estão sublinhados e, como você viu, são bases de concordância para outras palavras na estrutura sintática. No quadro que segue vamos conferir as palavras que concordam com esses nomes, entre elas, os nominais adjetivos:

Nome	Nominais adjetivos (palavras marcadas em gênero que concordam com o nome)	Verbos (palavras marcadas em tempo que concordam com o nome quando esse nome é sujeito da frase)
menino	o, obediente, premiado	foi
professor	o (lembre: pelo é a contração de *per + o*)	(não há verbo concordando com esse nome, pois ele não é sujeito de nenhuma frase)
laranja	uma, azeda	estraga
suco	todo, o	(não há verbo concordando com esse nome, pois ele não é sujeito de nenhuma frase)
comer	O, muito, danoso	é
saúde	A (lembre: *à* é crase de *a + a*)	(não há verbo concordando com esse nome, pois ele não é sujeito de nenhuma frase)
de	o	é
palavra	uma, monossílaba	(não há verbo concordando com esse nome, pois ele não é sujeito de nenhuma frase)
bonitão	o	estava
se	–	(não há verbo concordando com esse nome, pois ele não é sujeito de nenhuma frase)
maioral	o	(não há verbo concordando com esse nome, pois ele não é sujeito de nenhuma frase)

Faça seus alunos notarem como as palavras que a gente não pensa normalmente que sejam nomes podem funcionar como nomes, ou seja, "entrar na caixinha dos nomes". É o caso, nos exemplos, de palavras como *comer, de, bonitão, maioral* etc. Basta que elas tenham gênero e que estejam funcionando como base de concordância e serão nomes.

> Logo, atenção! *Ser a base* ou *ser uma palavra concordante*: é basicamente isso que diferencia as duas grandes classes de palavras nominais no português.

Já os nominais adjetivos vêm sempre concordando com os nomes, "obedecendo" aos nomes na estrutura da frase. Inclusive, algumas vezes eles fazem concordância "atravessando" os verbos chamados de "verbos de ligação", como veremos adiante na parte dos verbos (isso aconteceu algumas vezes, nos exemplos vistos, como em "menino foi premiado/menina foi premiada" e "comer é danoso/desidratação é danosa").

▶ *Por que a classe dos nomes é assim?* As classes nominais foram "pensadas" pela língua para funcionar como base da organização sintática. Então, podemos ver que os nomes funcionam como base para nominais adjetivos e verbos e, por isso, precisam ter marcas gramaticais de três tipos: gênero, número e pessoa.

▶ *Qual a finalidade disso, ou seja, de o nome ter marcas gramaticais de três tipos?* Para que esses nominais possam fazer dois tipos de combinações diferentes, com dois tipos de palavras diferentes, usando duas marcas com cada tipo de palavra. Matemática pura... Observe atentamente:

a. os nominais de base combinam com nominais adjetivos em gênero e número;
b. os nominais de base combinam com verbos em número e pessoa. Observe:

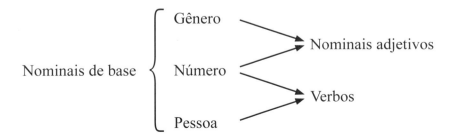

Morfologia para a educação básica

▶ *Como essas combinações diferentes se aplicam na formação das frases?* Com esses dois tipos de combinações diferentes, a língua consegue criar estruturas sintáticas diferentes. Veja que os verbos fazem combinações diferentes com o nome daquelas feitas pelos os nominais adjetivos. E é justamente por isso que os verbos não precisam de marca de gênero. Olhe aí nos exemplos como isso funciona:

a.   O caminhão amarelo quebrou na rua principal.
a'. Os caminhões amarelos quebraram na rua principal.
b.   A carroça amarela quebrou na rua principal.
b'. As carroças amarelas quebraram na rua principal.

Concordâncias nominais nos exemplos anteriores:

$\left\{\begin{array}{l}\end{array}\right.$ *caminhão* – palavra na 3ª pessoa do singular/masculina

o, amarelo – palavras na 3ª pessoa do singular/masculinas concordando com "caminhão"

$\left\{\begin{array}{l}\end{array}\right.$ *caminhões* – palavra na 3ª pessoa do plural/masculina

os, amarelos – palavras na 3ª pessoa do plural/masculinas concordando com "caminhões"

$\left\{\begin{array}{l}\end{array}\right.$ *carroça* – palavra na 3ª pessoa do singular/feminina

a, amarela – palavras na 3ª pessoa do singular/femininas concordando com "carroça"

$\left\{\begin{array}{l}\end{array}\right.$ *carroças* – palavra na 3ª pessoa do plural/feminina

as, amarelas – palavras na 3ª pessoa do plural/femininas concordando com "carroças"

Concordâncias verbais nos mesmos exemplos:

caminhão/carroça – palavras na 3ª pessoa do singular

quebrou – verbo na 3ª pessoa do singular concordando com "caminhão/carroça"

caminhões/carroças – palavras na terceira pessoa do plural

quebraram – verbo na 3ª pessoa do plural concordando com "caminhões/carroças"

> Esse jogo de concordâncias nominais e verbais é o fundamento da estrutura sintática do português. A ele se juntam outras possibilidades de combinação secundárias que são estudadas pela Sintaxe, mas esse é o padrão básico da relação [nome + adjetivo] e [nome + verbo] que corresponde à maior parte das frases da língua, inclusive em variantes diferentes da variante de prestígio.

► *Qualquer palavra que esteja funcionando como um nome se torna uma palavra "autoritária" e muito exigente?* Sim. Isso é uma regra fundamental na nossa língua. Qualquer palavra que se relacionar com elas tem que combinar com suas marcas. Se essa palavra que se juntar ao nome for, por exemplo, um nominal adjetivo, vai combinar em gênero e número;

É claro que existem variações dessas combinações. Mas há uma hierarquia de regras que podem ser desobedecidas em certas circunstâncias e de outras que não podem ser desobedecidas nunca. Por exemplo, como a marca mais importante do nome é o gênero, essa é uma marca que a gente não aceita que se desrespeite. Você nunca vai ouvir um brasileiro "normal" dizendo "A carro linda da meu tio Maria". Mas ele pode dizer coisas como "Os carro lindo da minha tia Maria.". Aceitamos mais que se desrespeite a regra relativa ao número, mas não aceitamos a quebra da regra de gênero. Com os verbos, entendemos quando alguém diz "Nós vai", mas não aceitamos "Eu vamos" e, muito menos, "Eu irei ontem". Ou seja, quando o assunto é a concordância, algumas regras são mais importantes do que outras no português falado ou, em outas palavras, são hierarquicamente mais fortes que outras regras na gramática dessa língua.

se for um verbo, vai combinar em número e pessoa. Por isso é que os advérbios não se relacionam aos nomes: eles não têm como combinar, pois não têm desinências e não conseguem fazer flexões.

Com esses princípios básicos bem entendidos pelos alunos, podemos continuar a exposição sobre os nomes.

Nas gramáticas tradicionais, há uma enorme subclassificação de substantivos. Há subclasses como concreto e abstrato, simples e composto, próprio e comum, masculino e feminino, epiceno, comum de dois e sobrecomum, biforme e uniforme, primitivo e derivado, e a lista parece não acabar nunca, além de ser diferente de gramática para gramática. Mas de onde vêm essas classificações todas? Vêm de uma época chamada de "enciclopedista", época da qual essas gramáticas provêm e quando a melhor coisa que existia no mundo era "complicar" para dar sensação de "conhecimento científico" às coisas. Muitas dessas classificações, como você já viu aqui, são baseadas em critérios que não têm qualquer relação com uma gramática científica e, por isso, são inúteis ou, no máximo, conhecimento enciclopédico para erudição pessoal sobre como as línguas naturais já foram estudadas um dia. Do ponto de vista da vida comunicacional, não servem realmente para nada. Então, quais são as classificações importantes para alguma coisa? São essas aqui:

Nomes próprios e comuns – saber a diferença entre eles é importante apenas na escrita, pois os nomes próprios são escritos com maiúsculas. E qual é a diferença entre eles? Nomes próprios são os nomes dados a pessoas, objetos, lugares etc. para identificá-los *individualmente*. Assim, quando chamo um cachorro de "cachorro", isso vale para qualquer cachorro: é comum a qualquer cachorro. Quando dou um nome individualizado para um cachorro (por exemplo, "Trovão" ou "Duque"), esse nome se torna *próprio*. E se uma pessoa der o nome de "Cachorro" para seu cachorro, esse nome se torna próprio também:

– Como é lindo seu cachorro! Como ele chama?
– Cachorro.
– Seu cachorro chama Cachorro???!!!
– Isso: "Cachorro". Vem cá, Cachorro, vem!
– Original, né?...

Nomes compostos – também é uma informação que só serve para a escrita, mas que, por isso mesmo, é igualmente importante. Por exemplo, "dor de cabeça" é uma palavra só ou não? Escreve-se com hífen ou não? Como é o plural de "dor de cabeça" – "dores de cabeça" ou "dores de cabeças" ou "dor de cabeças"?

Bem, como já expliquei lá na parte sobre a escrita, para esse tipo de informação recorre-se ao Volp ou a um ótimo dicionário, ou, ainda, a um excelente corretor ortográfico eletrônico. Eu uso o meu Volp o tempo todo, pois não há regras que deem conta de todos os casos e não adianta perder tempo tentando decorar regras sobre isso. E, no final das contas, as palavras que seu aluno usar mais, vai acabar decorando, e as que usar só de vez em quando, ele consulta quando precisar.

Masculino, feminino, singular e plural – são informações importantes na hora de fazer as concordâncias da escrita, especialmente se você estiver adotando a variante de prestígio. E, nesse caso, vale um cuidado especial com os tais ***coletivos***: *os nomes que indicam coletivos são nomes cuja concordância se faz com sua forma e não com seu conteúdo semântico.* Por isso, a variante de prestígio exige "O pessoal foi", e não "O pessoal foram". Da mesma maneira, "O rebanho adoeceu", e não "O rebanho adoeceram" como se diz coloquialmente em algumas regiões. É uma preocupação que qualquer pessoa deve ter em situações em que a variante de prestígio for a mais adequada.

Ou seja, espero que você não jogue tempo fora tentando explicar toda aquela parafernália classificatória que aparece nas gramáticas normativas para seus alunos, a menos que sua intenção seja de lhes dar um pouco mais de cultura geral sobre as gramáticas antigas. Já cobrar "epiceno" e "comum de dois" e "sobrecomum", "biforme" e "uniforme" na prova, aí é muita divagação inútil no ensino.

NOMES PRONOMINAIS (PRONOMES OU NOMES DE REFERÊNCIA INDIRETA)

Agora vamos ver o segundo conjunto de palavras que aparecem na nossa caixinha de nomes, aquelas que as gramáticas tradicionais costumam chamar de *pronomes*. Essas palavras são interessantes e exercem uma função

86 Morfologia para a educação básica

singular na língua. Mas, primeiro, precisamos deixar mais claro como essas palavras funcionam, pois são muitos os tipos diferentes de palavras que aparecem sob esse rótulo de *pronome* na nossa tradição gramatical.

Existem palavras na língua que apontam diretamente para aquilo que representam no mundo. Como estamos falando, nesta parte, de palavras nominais, vamos pensar aqui nos nomes e nos nominais adjetivos. Primeiro, vamos pensar em palavras funcionando como nomes:

a. *João* – nome que aponta para tudo o que possa se chamar João;
b. *camarão* – nome que aponta para tudo o que possa se chamar camarão;
c. *caneta* – nome que aponta para tudo o que possa se chamar caneta;
d. *céu* – nome que aponta para tudo o que possa se chamar céu.

Agora vamos pensar em palavras que estejam funcionando como nominais adjetivos. Vou colocar um nome sugestivo ao lado para deixar isso mais claro, ok?

a. *(fruto) vermelho* – nominal adjetivo que aponta para uma característica desse fruto;
b. *(carro) bonito* – nominal adjetivo que aponta para uma característica desse carro;
c. *(amiga) querida* – nominal adjetivo que aponta para uma característica que eu atribuo à minha amiga;
d. *(dívida) grande* – nominal adjetivo que aponta para uma característica dessa dívida.

Viu como é? Essas palavras nominais fazem representações que apontam diretamente para aquilo que entendemos delas no mundo.

Mas existem algumas palavras que não funcionam assim. Elas não apontam diretamente para as coisas no mundo, mas é como se elas apontassem para outras palavras nominais que, depois, por sua vez, vão apontar para o mundo. Veja:

> Vale a pena lembrar seus alunos: as coisas do mundo para as quais as palavras apontam, ou seja, as coisas que as palavras representam podem ser chamadas de *referências* ou de *referentes* das palavras.

a. *Ele* morreu.

Quem é "ele"? *João*.

Logo, funciona assim:

Pronome →	Palavra(s) que o pronome recupera →	Referência que a palavra que o pronome recupera está representando na frase
Ele	João	a pessoa chamada João no mundo

b. *Meu* carro quebrou.

"Meu" significa o quê? De quem está falando (João).

Logo, funciona assim:

Pronome →	Palavra(s) que o pronome recupera →	Referência que a palavra que o pronome recupera está representando na frase
Meu	de João	da pessoa que está falando

c. *Essa* caneta é azul.

"Essa" significa o quê? Perto da pessoa com quem estou falando (Maria).

Logo, funciona assim:

Pronome →	Palavra(s) que o pronome recupera →	Referência que a palavra que o pronome recupera está representando na frase
Essa	"ali" – um lugar perto da Maria	num lugar perto da pessoa com quem estou falando

d. *O senhor* não sabe de nada!

Quem é "o senhor"? É Seu José.

Logo, funciona assim:

Pronome →	Palavra(s) que o pronome recupera →	Referência que a palavra que o pronome recupera está representando na frase
O senhor	Seu José	pessoa chamada de Seu José no mundo

e. João deu-*lhe* um beijo.

Quem é "lhe"? Maria.

Logo, funciona assim:

Pronome →	Palavra(s) que o pronome recupera →	Referência que a palavra que o pronome recupera está representando na frase
Lhe	Maria	pessoa chamada Maria no mundo

Que interessantes essas palavras! Elas apontam para outras palavras nominais e são estas palavras nominais que, finalmente, apontam para o mundo. Por isso é que o filósofo alemão G. Frege[4] chamava os pronomes de palavras de "referências indiretas". Se podemos chamar as coisas que as palavras representam no mundo de referências, como vimos antes, então essas palavras seriam palavras que apontam indiretamente para suas referências, ou, em outra maneira de dizer, palavras de *referência indireta*.

Pois bem, os pronomes são palavras desse tipo, ou seja, de referência indireta. E, embora os pronomes não sejam as únicas palavras do português com referência indireta (há outras como *aqui, lá, coisa* etc. e que não funcionam normalmente como pronomes), todos os pronomes são assim. Talvez por isso, tenha sido criada a ideia comum de que os pronomes "substituem nomes".

O problema é que essas palavras não funcionam de uma forma exclusiva (não há um funcionamento sintático exclusivo para os pronomes), com regras exclusivas que só servem para pronomes, e isso porque a maioria dos pronomes funcionam ora como nomes, ora como nominais adjetivos. E isso de não haver regras exclusivas para pronomes traz muita confusão para os alunos. Já podemos começar com a própria definição que as gramáticas tradicionais trazem. Você já deve ter ensinado (eu ensinei muitas vezes quando ainda não conhecia a visão funcionalista) a seguinte definição: "pronome é a palavra que substitui o nome". Se já ensinou, calma. Mas não é assim que funciona. Veja:

> Na verdade, ao que parece, só um tipo de pronomes é que tem um detalhe gramatical realmente peculiar – os possessivos – e vamos falar mais sobre eles adiante.

a. os pronomes que funcionam como nominais adjetivos não substituem nenhum termo sintático na frase. Eles funcionam combinados aos nomes, concordando com eles, e só isso. Exemplos: Meu joelho/ Este caderno/ <u>Tua</u> casa. Sobre esses pronomes, nós vamos estudar mais detalhadamente adiante, quando estivermos falando dos nominais adjetivos;

b. já os pronomes que funcionam como nomes (isto é, como base de concordância) não substituem só o nome, mas toda estrutura nominal ligada a um nome de base. Observe:
- <u>Meu gato preto</u> foi atropelado/ <u>Ele</u> foi atropelado.
- <u>Os filhos da Dona Maria e do Seu João</u> ganharam na loteria/ <u>Eles</u> ganharam na loteria.
- José deu o presente <u>para a sua namorada chamada Maria</u>. José <u>lhe</u> deu o presente.

Como você pode ver nesses exemplos, não foram só os nomes (*gato, filhos* e *namorada*) que foram substituídos, mas toda a estrutura nominal que estava ligada a esses nomes (todo o sintagma nominal e, às vezes, uma oração nominal). Ou seja: em nenhum desses casos, o pronome substitui apenas o nome. Na verdade, existem duas maneiras de os pronomes funcionarem. Assim:

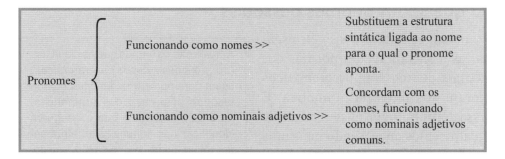

Aí seu aluno diz:

– Ah! Mas um dia eu vi uma gramática em que tinha um exemplo de um pronome substituindo um nome! Era assim: João morreu./ Ele morreu.

Bem, nesse caso não teria outro jeito, não é mesmo? Se o nome estiver sozinho, é claro que não vai ter outras palavras para o pronome substituir além do próprio nome. Mas é só colocar alguma coisa ao lado da palavra "João" que a gente percebe como esse tipo de exemplo nos induz a pensar errado. Observe:

90 Morfologia para a educação básica

▶ João Pereira da Cunha, o filho mais novo da Dona Cotinha, morreu./ Ele morreu.

Então, agora que você já demonstrou para seus alunos que os pronomes:
a. são *palavras de referência indireta*;
b. funcionam como *nomes* ou como *nominais adjetivos*; e
c. quando estão funcionando como núcleos nominais valem por um sintagma nominal inteiro, e não apenas por uma palavra nominal isolada (embora isso possa acontecer, caso o sintagma nominal inteiro seja formado por uma só palavra);

... podemos tratar mais detalhadamente dos muitos "tipos" de pronomes de que a gramática normativa fala. E, para não complicar as coisas além do necessário, é claro que vamos continuar chamando essas palavras de *pronomes*, ok?, afinal, seu aluno, a esta altura, já sabe que essas palavras não substituem o nome.

O que são pronomes pessoais?

Nem sempre é possível resgatar as ideias ou razões por trás dos rótulos que os antigos gramáticos deram aos fatos da gramática. E essa terminologia já tem mais de quatrocentos anos, sendo mais uma *tradição* do que uma terminologia descritiva e funcional. Por isso, alguns rótulos são ruins para usar com nossos alunos hoje, pois dizem pouco e expressam pouco do que o fenômeno realmente é. No caso dos pronomes, são usados muitos rótulos sem sentido atualmente. "Pronome pessoal", por exemplo, é um desses rótulos ruins.

> *Rótulos* são os termos que os cientistas (ou, no nosso caso, os gramáticos) usam para nomear os fenômenos que estudam. No caso dos gramáticos, para todo fenômeno que conseguem identificar nas línguas, eles atribuem um rótulo, como, por exemplo, *sujeito, predicado, objeto direto, substantivo, morfema, fonema* etc. Como são muito antigos e parte de uma tradição secular, muitas vezes, esses rótulos quase não fazem sentido para nós e nossos alunos hoje. Mas é muito difícil – e quase inútil – tentar mudar toda essa tradição.

Esses pronomes são chamados de pessoais porque alguns gramáticos entendiam que eles se referem a *pessoas*. Mas, na verdade, eles não se referem só a pessoas, pois o que está em questão aí não é "pessoa gente", mas "pessoa gramatical", que pode representar qualquer coisa do mundo. E, por outro lado, vale lembrar que todos os pronomes têm radicais com a *pessoa gramatical implícita*. Então, o resumo disso é que:

> a. do ponto de vista do sentido, nem todos os pronomes representam pessoas (gente) e;
> b. do ponto de vista gramatical, todos os pronomes são pessoais (marcados em pessoa).

Logo, esse rótulo diz pouco sobre o que esses pronomes são. Porém, como disse, a lista de rótulos ruins para pronomes não para por aí, não! E piora bem! O que fazer, então? De fato, como não temos o que fazer quanto a mudar esses rótulos, precisamos mesmo é entender o que são esses pronomes, caso a caso, e acostumar os alunos aos seus rótulos. Só de explicar isso a eles, mostrar as inconveniências e demonstrar o que os pronomes são, já ajuda muito!

Pessoais são pronomes do tipo *eu, tu, você, nós, a gente, ele* e outros que se relacionam a esses, como *me, mim, te, ti, se, lhe, nos, vos* etc. São pronomes que ocupam, normalmente, posições de núcleo sintático nominal, como sujeito e complemento verbal nas frases, referindo-se a *quem fala*, a *com quem se fala* e a *de quê* ou *de quem se fala*, mas não no sentido referencial, e sim no *sentido gramatical*. Assim, qualquer elemento do mundo pode ser representado em uma pessoa gramatical por meio de um pronome desses (por exemplo, posso perfeitamente imaginar uma conversa entre o poste e o cachorro, em que o poste diga "eu" e o cachorro diga "você").

As gramáticas tradicionais dividem esses pronomes pessoais em *retos* e *oblíquos* (não falei que os nomes ruins iam piorar?).

O que são esses pronomes "retos"? Eles são "retos" porque não são tortos? Não! Eles são chamados de retos porque podem funcionar como *sujeitos* nas frases. Veja os exemplos:

> O que têm a ver "reto" e "oblíquo" com palavras? Nada mesmo! Pelo menos, nada naquele sentido em que você aprendeu na Geometria. Aqui os sentidos são totalmente diferentes. Então, chame a atenção de seu aluno para esses rótulos ruins, "traduza-os" para eles e explique, com todas as letras, que esses rótulos têm sentidos diferentes na gramática e em outras áreas de nossa vida.

a. *Ele* gosta de melancia.
b. *Nós* saímos tarde da festa.
c. *Eu* não sei o caminho da maternidade.

Observe como *ele, nós* e *eu* são sujeitos nessas frases. Se você tentar substituir esses pronomes por oblíquos, as frases não funcionam direito, pelo menos, não na variante de prestígio:

a'. **Se* gosta de melancia.
b'. **Nos* saímos tarde da festa.
c'. **Me* não sei o caminho da maternidade.

Mas somos proibidos de usar pronomes retos como complementos verbais na variante de prestígio? Proibidos totalmente, não. Mas vamos precisar de algumas "artimanhas" para conseguir isso de forma a manter a gramaticalidade da frase, como, por exemplo, usar *conectivos* antes dos pronomes. É o que acontece nos exemplos a seguir:

d. O rapaz deu uma flor *para ela*.
e. O professor trouxe uma boa notícia *para nós*.
f. A tia boazinha deu um carro novo *para eles*.

Ainda que seja possível esse uso mais coloquial, cabe notar que, em certos *gêneros* mais formais de escrita, seria preferível usar os oblíquos em frases assim:

d'. O rapaz deu-*lhe* uma flor.
e'. O professor trouxe-*nos* uma boa notícia.
f'. A tia boazinha deu-*lhes* um carro novo.

E é evidente que, em outras variantes que não a de prestígio, o uso de pronomes retos como complementos verbais está se popularizando. Frases como as dos exemplos a seguir são comuns de se ouvir nos mais diversos ambientes sociais e já começam a ser escritas por alguns autores, até como forma de promover uma "revolução sociolinguística" na escrita:

g. O rapaz viu *ela* na fila do banco.
h. Eu mando *tu* para o inferno se não sair daqui agora!
i. Eu cortei *ele* ontem com a serra que emprestei do José.
j. Eles chamaram *nós* ontem, mas não ouvimos.

> Porém, é também evidente que essas construções não são as mais adequadas a todos os ambientes sociais e que, inclusive, em certas situações poderão trazer prejuízo pessoal aos falantes. Por isso, é importante que os alunos tenham consciência disso e que a escola propicie a eles a aprendizagem da variante que, provavelmente, eles ainda não dominam, ou seja, justamente a mais prestigiada.

Outra coisa importante que você precisa ressaltar sobre os pronomes retos, especialmente quando ocorrem concordâncias desses pronomes com seus respectivos verbos nas frases, é como eles "se somam". Muita gente erra a concordância por não conhecer essa "matemática pronominal". Veja como é:

A soma (atenção: a ordem em que os pronomes aparecem na frase não altera o resultado)	= O resultado	> Exemplos de concordância
Eu + tu	Nós ou A gente	Tu e eu cantamos./ A gente cantou.
Eu + você	Nós ou A gente	Você e eu cantamos./ A gente cantou.
Eu + ele/ela	Nós ou A gente	Ele e eu cantamos./ A gente cantou.
Eu + vós	Nós ou A gente	Vós e eu cantamos./ A gente cantou.
Eu + vocês	Nós ou A gente	Vocês e eu cantamos./ A gente cantou.
Eu + eles/elas	Nós ou A gente	Eles e eu cantamos./ A gente cantou.
Tu + ele/ela	Vós	Tu e ela cantastes.
Tu + nós	Nós ou A gente	Tu e nós cantamos./ A gente cantou.
Nós + ele	Nós ou A gente	Ele e nós cantamos./ A gente cantou.
Nós + vós	Nós ou A gente	Vós e nós cantamos./ A gente cantou.
Nós + você	Nós ou A gente	Você e nós cantamos./ A gente cantou.
Nós + vocês	Nós ou A gente	Vocês e nós cantamos./ A gente cantou.
Ele/ela + ele/ela	Eles	Ele e ela cantaram.
Ele + você	Vocês	Vocês cantaram.

94 Morfologia para a educação básica

Ressalto que, quando usamos a locução pronominal *a gente* no lugar de *nós*, o verbo não fica na primeira pessoa do plural, mas na terceira pessoa do singular, embora o sentido seja ainda de "nós", de plural. Isso já não acontece sempre com os *possessivos*, como você verá em detalhes adiante (veja este exemplo: "*A gente* comprou *nosso* carro aqui mesmo em São Paulo").

> Se seu aluno souber de cor essa matemática pronominal, garanto que a "vida de concordante verbal" dele vai ficar bem mais fácil.
> E não o deixe esquecer: *os nomes (substantivos) são sempre de 3ª pessoa*, ou seja, correspondem a ele/ela quando estão no singular, e a eles/elas quando estão no plural. Agora é só treinar bastante para que eles não errem mais.

Bem, mas já que precisamos falar também de oblíquos, vamos entender como funcionam. Os chamados "oblíquos" não são pronomes "inclinados", não! São *oblíquos* porque funcionam como *complementos verbais* nas frases. Olhe:

a. O menino deu-*me* um bombom./ O menino deu um bombom para *mim*.
b. O cachorro *te* mordeu ontem?/ O cachorro mordeu a *ti* ontem?
c. O presidente *nos* prometeu mais respeito.

Como você pode notar, os pronomes *me, mim, te, ti* e *no*s, nessas frases, são pronomes que funcionam como *complementos dos verbos*. Por isso são oblíquos. Esses pronomes não poderiam ser colocados como sujeitos das frases, pois isso não funcionaria direito, como você viu há pouco.

> Aliás, chame a atenção de seus alunos para um fato muito comum: eles já devem ter experimentado gente encrencando com eles por falarem coisas como:
>
> a. Traz esse bolo para *mim* comer.
> b. Pega essa ficha para *ti* jogar.

> Qual é o problema dessas frases? É que os pronomes *mim* e *ti* são oblíquos e, nos dois casos, eles estão ocupando o lugar do *sujeito* dos verbos *comer* e *jogar* (eu vou comer; tu vais jogar). É por isso que a galera diz que está errado. Bem, na fala, até passa... Mas, na escrita formal, não é para passar de jeito nenhum! É melhor colocar pronomes retos aí no lugar dos sujeitos:
>
> a. Traz esse bolo pra *eu* comer.
> b. Pega essa ficha para *tu* jogares/ *você* jogar.

Mas, para complicar um pouco mais, as gramáticas tradicionais ainda dividem os pronomes oblíquos em *átonos* e *tônicos*. Observe o problema desses rótulos: isso é a mesma coisa que você ensinou lá atrás sobre *sílabas átonas* e *tônicas*? Pronome átono a gente pronuncia fraco e pronome tônico a gente pronuncia forte? Nada disso! Esses rótulos, como já comentei, são tão ruins que a gente tem que prestar atenção para não criar confusão na cabeça dos alunos! Na verdade, são fenômenos totalmente diferentes, mas com os mesmos nomes. Observe os exemplos a seguir:

a. João contou-*me* uma anedota interessante.
a'. João contou uma anedota interessante para *mim*.
b. O padre prometeu-*te* uma missa de sétimo dia.
b'. O padre prometeu uma missa de sétimo dia para *ti*.
c. João deu-*se* um belo presente de aniversário!
c'. João deu um belo presente de aniversário para *si* mesmo.
d. Maria pagou-*nos* um jantar ontem à noite.
d'. Maria pagou um jantar para *nós* ontem à noite.

O que você percebe de igual entre o grupo de pronomes *me, te, se,* e *nos* e o grupo *mim, ti* e *si*? Os dois grupos funcionam como complementos dos verbos.

Mas o que eles têm de diferente? Simples: os pronomes do primeiro grupo (*me, te, se, nos*) *podem ser ligados aos verbos por meio de hífen. Os pronomes do segundo tipo (*mim, ti, si*) não podem ser ligados aos verbos por meio de hífen. Eles sempre funcionam como palavras independentes precedidas por um conectivo.*

Então, conclui-se que:

96 Morfologia para a educação básica

a. *os pronomes oblíquos que podem ser ligados aos verbos por meio de hífen são chamados de átonos;*
b. *os pronomes oblíquos que não podem ser ligados aos verbos por meio de hífen são chamados de tônicos.*

> Explique isso a seus alunos: como se tinha dito, pronome átono e tônico não têm nada a ver com sílaba átona e tônica. Nas sílabas, átono e tônico têm a ver com a *intensidade* da sílaba na palavra. Nos pronomes, têm a ver com possibilidades de combinação morfológica com os verbos que esses pronomes complementam.

Mas a pergunta que sempre surge neste ponto é: e os pronomes átonos estão ligados aos verbos sempre no final deles? Não, pois existem situações em que eles podem ser colocados antes (sem hífen) ou no meio dos verbos. Vejamos.

A *regra geral*, aplicada na variante de prestígio e especialmente na escrita, para colocação de pronomes oblíquos átonos é que eles devem ser usados ao final do verbo e com hífen, desde que não haja nada que atraia o pronome para a frente do verbo nem obrigue o pronome a ser colocado no meio do verbo. Chamo essa regra de "regra do final", pois ela diz que o pronome deve ir no final do verbo. São casos assim:

> Esse uso do pronome ao final do verbo tem um nome nas gramáticas tradicionais: é chamado de *ênclise*. É um rótulo estranho que parece nome de doença, mas o jeito é memorizar...
>
> *"– Nossa, tio, como o senhor está magro!*
> *– Ah, meu filho, estou aqui com uma ênclise nas tripas que médico nenhum cura!"*

a. Quero cortá-*lo* do time agora!
b. Maria deixou-*nos* uma boa herança.
c. A pizza fez-*me* muito mal ontem à noite.
d. Dou-*lhe* uma última chance de se endireitar, moço!

A segunda regra é aplicada se o verbo estiver em qualquer tempo de futuro simples do indicativo. Nesse caso, o pronome oblíquo vai para o meio do verbo e, por isso mesmo, chamo essa regra de "regra do meio". É a forma mais estranha para nós, falantes atuais do português brasileiro, por duas razões: a primeira é

> O uso do pronome oblíquo no meio do verbo no futuro é chamado, pelas gramaticas tradicionais, de *mesóclise*.

que quase não usamos mais os tempos simples do futuro no português e a segunda é porque essa maneira de usar os pronomes nos parece antiga e pedante. Mas ela existe e os usos ficam assim:

a. Cortá-*lo*-ei do time amanhã. (verbo no futuro do presente simples do indicativo)
b. Maria deixar-*nos*-á uma bela herança. (verbo no futuro do presente simples do indicativo)
c. Não comerei a pizza, pois sei que far-*me*-á mal. (verbo no futuro do presente simples do indicativo)
d. Tua mãe dar-*te*-ia uma última chance nesse caso. (verbo no futuro do passado simples do indicativo)

Seus alunos, certamente, acharão que soa estranha essa construção para nós hoje. Sim, até eu acho... Os falantes do português brasileiro preferem construções como essas a seguir (com futuro composto):

a'. Vou *lhe* cortar do time amanhã. (verbo no futuro do presente composto do indicativo)
b'. Maria vai *nos* deixar uma bela herança. (verbo no futuro do presente composto do indicativo)
c'. Não vou comer a pizza, pois sei que vai *me* fazer mal. (verbo no futuro do presente composto do indicativo)
d'. Tua mãe ia/iria *te* dar uma última chance nesse caso. (verbo no futuro do passado composto do indicativo)

Veja que interessante: nos tempos compostos, ainda é aceitável aos nossos ouvidos que coloquemos o pronome no meio do verbo, mas entre as duas palavras e não mais no meio de uma palavra. Essas construções nos parecem mais comuns, mais fáceis e mais modernas.

Finalmente, temos o terceiro caso, em que o pronome oblíquo é atraído para a frente do verbo por alguma palavra. Por isso chamo essa regra de "regra da frente". As

> Quando o pronome oblíquo é atraído para a frente do verbo, esse uso é tradicionalmente chamado de *próclise*.

palavras que comumente atraem os pronomes oblíquos para a frente do verbo são as *negações* (*não, jamais, nunca, de jeito nenhum* etc.), *outros pronomes* de qualquer tipo e os *advérbios* em geral. Veja como fica esse tipo de colocação:

a. Ela <u>jamais</u> *nos dará* a chave do carro dela. (negação)
b. <u>Hoje</u>, *o vi* na saída da escola. (advérbio)
c. Este <u>não</u> *a conhece*, mas <u>aquele</u> *a conhece* muito bem! (negação e pronome)
d. Maria <u>nunca</u> *te faria* uma coisa tão ruim, meu amigo! (negação)
e. Sei que <u>ele</u> *a compôs* na noite do seu casamento. (pronome)
f. Minha vó <u>muito bem</u> *lhe fazia* ao proibir o fumo na sua vida! (advérbio)

Que tal um quadro-resumo dos pronomes pessoais como pretendido na variante de prestígio do português? Aí vai:

Pronomes Pessoais	Retos >>	Funcionam como sujeito dos verbos nas frases.	Exemplos: eu, tu, ele, ela, nós, vós, você, vocês, eles, elas		
	Oblíquos >>	Funcionam como complementos verbais nas frases.	Tônicos	Não podem ser ligados aos verbos com hífen e sempre vêm precedidos de conectivo.	Exemplos: mim, ti, si, consigo, comigo, conosco (veja que *consigo, comigo* e *conosco* já possuem um conectivo "com" na própria palavra).
			Átonos	Podem ser ligados aos verbos com hífen.	Exemplos: o, a, se, me, lhe, te, nos, vos

O que são pronomes reflexivos?

Na verdade, não existe um tipo específico de comportamento gramatical para esses pronomes que justifique uma classe de *pronomes reflexivos*. Esses pronomes não são nada mais do que os mesmos pronomes oblíquos átonos que você já mostrou aos seus alunos usados na mesma pessoa que o sujeito da oração, de maneira que o sentido do evento expresso pelo verbo retorna para o próprio sujeito. Em outras palavras, não se trata de um fenômeno lexical ou gramatical, mas apenas de um efeito semântico que se obtém quando se utilizam os pronomes dessa forma. Veja como isso ocorre:

a. João cortou-*se* com a faca. (sujeito do verbo de 3ª pessoa do singular/ pronome átono de 3ª pessoa do singular. O sentido fica "João cortou a si mesmo com a faca.")

b. Maria e eu *nos* prejudicamos ao ter vendido a casa. (sujeito do verbo de 1ª pessoa do plural (Maria + eu = nós)/ pronome átono de 1ª pessoa do plural. O sentido fica "Maria e eu prejudicamos a nós mesmos ao ter vendido a casa.")

c. Tu *te* machucaste na queda, guri? (sujeito do verbo de 2ª pessoa do singular/ pronome átono de 2ª pessoa do singular. O sentido fica "Tu machucaste a tu mesmo na queda, guri?")

Como você viu, nada de mais quanto aos pronomes oblíquos átonos e à forma de usá-los. O único aspecto a notar é que, nesse tipo de construção, o sentido do verbo retorna sobre o sujeito, o que dá a ideia de "reflexão", de evento refletido sobre seu próprio autor. Aliás, isso nem funciona com todos os verbos. Frases como as seguintes são muito estranhas e sem sentido comum:

a. *Eu *me* andei hoje de manhã.
b. *João faleceu-*se* na tarde de ontem.
c. *Nós *nos* brincamos para descansar.

Ou seja, além do uso do pronome oblíquo átono, *o que cria a possibilidade de reflexão é o sentido do verbo na frase*. Enfim: convenhamos que isso não é outro tipo de pronome...

O que são pronomes de tratamento?

Alguns gramáticos classificam os pronomes de tratamento como pertencendo ao grupo dos pessoais, mas outros consideram que não são desse grupo, pois esses pronomes têm apenas formas de 2ª e de 3ª pessoas. Na verdade, os pronomes de tratamento são as formas estabelecidas pela sociedade para o "tratamento" social das pessoas segundo a posição hierárquica ou profissional (incluindo as posições de profissionais da religião) que ocupam. São exemplos desses pronomes:

a. Sua Excelência – para autoridades máximas em suas instâncias;
b. Sua Senhoria – para as demais autoridades (exceto a maior) de um setor governamental e para pessoas em geral;
c. Sua Magnificência – para reitores de universidades;
d. Sua Eminência – para cardeais;
e. Sua Santidade – para o papa;
f. Meritíssimo Senhor – para magistrados;
g. Senhor/ Senhora – para uma pessoa mais velha que você, para com quem você queira demonstrar respeito ou com quem você não tenha intimidade;
h. Você – para seus amigos.

Como se tratam as pessoas em uma conversa na escola que frequenta? Pronomes de tratamento adequados indicam o devido respeito às pessoas da sua comunidade?

> As formas de tratamento social mudam de acordo com o tempo. Quando eu era menino, só podia chamar meu pai e minha mãe de *senhor* e *senhora*, respectivamente. Se eu chamasse algum deles de *você*, a coisa esquentava para meu lado... Hoje, já é mais comum que os filhos chamem os pais de *você*. O que você acha dessas mudanças? Por que será que elas ocorrem? Converse sobre isso com seus alunos, debatendo sobre a relação entre o pronome de tratamento e o respeito devido às pessoas. Aliás, conversem sobre o decreto presidencial que eliminou certos pronomes de tratamento do serviço público. Você concordam com isso? Por quê?

Em 2019, o presidente da República publicou uma norma (Decreto nº 9.758, de 11 de abril de 2019) que diz:

Pronome de tratamento adequado

Art. 2º O único pronome de tratamento utilizado na comunicação com agentes públicos federais é "senhor", independentemente do nível hierárquico, da natureza do cargo ou da função ou da ocasião.

Parágrafo único. O pronome de tratamento é flexionado para o feminino e para o plural.

Formas de tratamento vedadas

Art. 3º É vedado na comunicação com agentes públicos federais o uso das formas de tratamento, ainda que abreviadas:

I – Vossa Excelência ou Excelentíssimo;

II – Vossa Senhoria;

III – Vossa Magnificência;

IV – doutor;

V – ilustre ou ilustríssimo;

VI – digno ou digníssimo; e

VII – respeitável.

§ 1º O agente público federal que exigir o uso dos pronomes de tratamento de que trata o **caput**, mediante invocação de normas especiais referentes ao cargo ou carreira, deverá tratar o interlocutor do mesmo modo.

Esclareça a seus alunos que esse decreto não extinguiu os pronomes de tratamento do português, como alguns têm dito. O decreto se aplica apenas aos órgãos do Governo Federal e mantém um pronome de tratamento considerado adequado, suficiente e genérico nesse ambiente, mas não fala nada sobre o uso de pronomes de tratamento em outras situações da vida cotidiana. O que se espera é que os órgãos dos governos estaduais e municipais acabem, com o tempo, aderindo ao mesmo padrão, que é mais simples sem ser desrespeitoso. Mas, mesmo assim, os pronomes de tratamento continuarão existindo para ocasiões que não sejam situações oficiais de serviços governamentais.

Uma opinião válida sobre o decreto que pode ser usada em seu debate com os alunos:

Afinal, o que esse decreto presidencial objetiva? Diminuir o espaço social entre o cidadão comum e o agente público. Muitas vezes, só a necessidade de chamar alguém de "doutor", "meritíssimo" ou de "magnífico reitor" em um ambiente formal é uma forma de intimidação. A partir dessa lei, chamamos de "senhor" ou "senhora" e está suficiente. Ficou mais simples e, nem por isso, perdemos o respeito pelas pessoas que ocupam posições importantes do governo.

O que são pronomes interrogativos?

Creio que, para explicar aos seus alunos o que são *pronomes interrogativos*, é melhor fazê-los entender primeiro o que são e como são as *interrogações* que temos no português.

Primeiramente, uma interrogação é um tipo de formulação discursiva que busca a consecução de alguma informação. Ou seja, qualquer forma de conseguir informações é um tipo de interrogação.

De forma geral, temos dois formatos para interrogações – ou perguntas – no português brasileiro:

1. *Interrogações indiretas* – essas interrogações são afirmações cujo conteúdo faz a pessoa que nos ouve saber que estamos buscando alguma informação. Elas são feitas com entonação de afirmação e nem sequer levam ponto de interrogação quando estão na forma escrita. São exemplos dessas interrogações:

   a. Quero saber *quem* quebrou a geladeira!

   b. Diga imediatamente *quem* pegou o dinheiro da gaveta.

   c. Eu só preciso saber *qual* é a data do aniversário da Maria.

   d. Um dia eu descubro se foi um de vocês *que* arranhou meu carro...

   > Observe que, em cada uma dessas perguntas, existe uma palavra que aponta para algo que o autor da frase não sabe. No lugar dessa informação que não se sabe, aparecem palavras especiais para fazer perguntas, palavras que indicam que está faltando alguma informação. São elas que dão a ideia de que estou fazendo uma pergunta, mesmo que eu não use entonação de pergunta.

2. *Interrogações diretas* – são aquelas que fazemos com entonação típica de pergunta e que, quando escrevemos, marcamos com um ponto de interrogação (?). As interrogações indiretas são de dois tipos:

   2.1. *Fechadas* – são aquelas que trazem em si todas as informações que estão em jogo na interrogação. Cabe a quem ouve

   > Por isso a ideia de que elas estão fechadas: porque todas as informações em questão já estão contidas em sua estrutura sintática.

apenas responder com "sim", "não" ou "não sei", por exemplo. São perguntas assim:

a. Foi o Joãozinho que quebrou a geladeira? (– Sim.; – Não.; – Não sei.; – Não vou dizer. etc.)
b. A Antônia foi quem pegou o dinheiro da gaveta? (– Sim.; – Não.; – Não sei.; – Não vou dizer. etc.)
c. A Antônia faz aniversário no dia 21 de outubro, não é? (– Sim.; – Não.; – Não sei.; – Não vou dizer. etc.)

2.2. *Abertas* – são as interrogações em que falta uma informação, justamente a informação desejada. Como nós não sabemos essa informação, ela não pode aparecer na estrutura sintática da pergunta, e, para não ficar um "vazio", usamos palavras especiais para fazer perguntas. Veja:

a. *Quem* quebrou a geladeira? (a resposta desejada é sobre uma pessoa)
b. *Onde* está o dinheiro que estava na gaveta? (a resposta desejada é sobre um lugar)
c. *Qual* é a data do aniversário da Maria? (a resposta desejada é sobre um dia)
d. *Como* arranharam meu carro? (a resposta desejada é sobre a maneira como o carro foi arranhado)

Creio que você chamou a atenção dos alunos para o fato de que, nas interrogativas indiretas e nas diretas abertas, precisamos recorrer a palavras que *preenchem, na pergunta, o espaço exato da informação que não sabemos* ao formular a pergunta. Essas palavras especiais para preencher espaços "vazios" nas perguntas são os *pronomes interrogativos*. Observe o quadro a seguir:

> Todas as línguas conhecidas do mundo têm palavras desse tipo, que servem para formular perguntas. Não é diferente no português. E precisamos notar que, além de indicar que estamos diante de uma pergunta, esses pronomes já apontam para o tipo de resposta que estamos esperando.

104 Morfologia para a educação básica

Exemplos de pronome interrogativos	Respostas esperadas para esses pronomes
Quem?	Um agente, quem fez
Quando?	Um tempo, quando algo ocorreu
Aonde?	Um lugar de destino, aonde alguém/algo vai
Onde?	Um lugar atual, onde alguém/algo está
De onde?	Um lugar de origem, de onde alguém/ algo veio
Como?	Um modo, a maneira como algo aconteceu ou vai acontecer
Qual?	Uma especificação (qual a cor, qual o dia, qual o tipo etc.)
Quanto?	Uma quantidade (quanto algo custa, quanta água tem no balde etc.)
Quantos?	Também uma quantidade, mas com uma resposta mais exata (quantos homens trabalham aqui, quantos carros você tem etc.)
O quê?	O nome de algo (o que é isso, o que me mordeu etc.)
O que (fez/ aconteceu)?	Normalmente, essas expressões são usadas no lugar de um pronome para substituir um evento desconhecido (o que João fez ontem, o que aconteceu na noite do dia 10 de março etc.)
Por quê?	Uma causa, a razão de algum evento

O quadro anterior, como você deve comentar com os estudantes, não esgota os pronomes e expressões pronominais interrogativas do português. Ele apenas mostra como elas funcionam em relação às respostas pretendidas. E as pessoas que falam nossa língua entendem perfeitamente quando usamos essas palavras. Imagine uma situação como esta:

– *Quem* comeu o doce que eu tinha guardado no armário da cozinha?
– 22 de abril de 1500.

> Comente com seus alunos o fato de o pronome interrogativo apontar para a resposta desejada. Com base no exemplo ao lado ou em outros que eles mesmos possam formular.
>
> No exemplo dado, alguém pergunta "quem" e a outra pessoa responde com a data da chegada de Cabral ao Brasil... Além da falta de educação, isso seria uma forma de se "fazer de doido" para expressar que não vai entregar o comilão. Afinal, todo brasileiro sabe que "quem" é uma pergunta que aponta para um agente, alguém capaz de fazer algo.

É claro que a pessoa que fez a pergunta não vai entender essa resposta, uma vez que ela não corresponde a nada que seja indicado pela palavra interrogativa que a pergunta contempla.

O que são pronomes indefinidos?

Pela definição tradicional, são pronomes que, normalmente, funcionam como nomes – portanto, substituindo posições sintáticas nominais – para significar que alguma informação não está definida. No entanto sabemos que eles funcionam, também, quando as coisas estão totalmente definidas. São pronomes que não indicam alguém ou algo em especial de forma direta, mas que também podem totalizar a informação em relação a um conjunto inteiro. Veja os exemplos:

Usos com informação indefinida:

- *Alguém* deve saber fazer esse computador funcionar.
- *Alguns* sabem fazer o computador funcionar.
- *Poucos* sabem fazer o computador funcionar.

Usos com informação definida:

- *Ninguém* sabe fazer o computador funcionar.
- *Todos* sabem fazer o computador funcionar.
- *Nenhum* de nós sabe fazer o computador funcionar.

Como você pode notar pelos exemplos, o nome "indefinido" não explica bem o que esses pronomes fazem. Na verdade, como palavras de referência indireta, esses pronomes parecem mesmo atuar com vários sentidos, sendo os principais os de *totalização* (*todos, nenhum, ninguém* etc.) e de indefinição (*alguém, algum, poucos* etc.).

> Aqui estamos falando de nomes e, por isso, ressaltamos os usos desses pronomes como base de concordância. Mas precisamos notar que os pronomes indefinidos também atuam regularmente como nominais adjetivos, isto é, ligados aos nomes. Vamos ver isso com calma lá no lugar adequado, ou seja, quando estivermos falando sobre os pronomes adjetivos.

O que são pronomes relativos?

Pronomes relativos são úteis para substituir nomes na estrutura das frases complexas de maneira que não precisemos ficar repetindo esses nomes o tempo todo. Veja como isso funciona nos exemplos a seguir:

a. O <u>menino</u> *que* quebrou o vidro da igreja foi repreendido pelo padre. (*que* se relaciona e substitui o nome <u>menino</u>)

b. Todos os <u>sócios</u> *que* não pagaram a mensalidade serão proibidos de entrar na piscina do clube. (*que* se relaciona e substitui o nome <u>sócios</u>)

c. Os <u>cidadãos</u> *cujos* impostos não forem pagos até a sexta-feira serão multados. (*cujos* se relaciona e substitui o nome <u>cidadãos</u>)

d. Esse <u>cara</u> d*o qual* lhe falei na semana passada não é boa gente... (*o qual* se relaciona e substitui o nome <u>cara</u>)

Os pronomes relativos sempre estão relacionados (daí o rótulo que recebem: *relativos*) a outro nome presente na frase (ou no texto como um todo, mesmo que em outra frase). Você também deve ter notado que eles permitem não ficar repetindo os nomes, o que seria bem estranho em nossa língua. Veja:

a'. *O <u>menino</u>, o <u>menino</u> quebrou o vidro da igreja, foi repreendido pelo padre.

a''. O <u>menino</u> quebrou o vidro da igreja e o <u>menino</u> foi repreendido pelo padre. (Esta sentença é menos ruim, mas ainda é repetitiva).

a'''. O <u>menino</u>, <u>que</u> quebrou o vidro da igreja, foi repreendido pelo padre.

Uma dúvida comum entre os estudantes está na identificação dos pronomes relativos, especialmente do pronome relativo "que", uma vez que a palavra "que" aparece exercendo funções de conectivo e isso de forma recorrente. A dica mais fácil em relação a isso é usar o pronome relativo *típico*, o pronome "qual" (em suas diversas composições – *o qual, a qual, os quais, as quais, do qual, da qual, no qual, na qual* etc.) para fazer testes de substituição. Se a substituição for possível, estamos diante de um relativo (a menos que você esteja usando *que/qual* para fazer perguntas – aí será um caso pronome de interrogativo, é claro). Se não for possível a substituição, provavelmente, será um caso de conectivo (mas, de toda maneira, não será pronome relativo). Veja:

> O estudo da gramática por um viés não normativo é uma ciência. Ciência se faz por experimentação. Ensinar testes de substituição para seus alunos é um ótimo meio de fazê-los compreender que não se estuda gramática por "decoreba" nem por adivinhação, como a maioria deles parece acreditar. É comum que eles pensem que o professor de Matemática deve ter tempo para descobrir a resposta de uma equação, mas que o professor de Português adivinha de imediato se uma parte da frase é objeto direto ou predicativo do sujeito. Isso tem muito a ver com as formas adotadas para ensinar. Ao propor, demonstrar e usar testes de substituição, entre outros, você deixa claro para seus alunos que está realmente analisando a língua e que isso demanda tempo, critérios e rigor científico. Especialmente na parte de Sintaxe, você vai ver que proponho outros testes de substituição. Espero que eles ajudem seus alunos a compreender como se analisa a estrutura de uma língua.

a.   O cachorro *que* minha mãe comprou é da raça paulistinha.
a'. O cachorro *o qual* minha mãe comprou é da raça paulistinha.
b.   Quero *que* você me compre um cachorro novo esta semana.
b'. *Quero *o qual* você me compre um cachorro novo esta semana.
c.   A casa *em que* moramos é alugada.
c'. A casa *na qual* moramos é alugada.
d.   Não me diga *que* você só gosta de comer comida japonesa.
d'. *Não me diga *o qual* você só gosta de comer comida japonesa.
e.   A pessoa *de que* lhe falei não trabalha mais aqui.
e'. A pessoa *da qual* lhe falei não trabalha mais aqui.

Então, na dúvida, basta fazer o teste e seu aluno será capaz de identificar o pronome relativo. Assim fica mais fácil e mais seguro.

E, por aqui, terminamos o conteúdo de descrição das palavras que funcionam como *nomes*, ou seja, que funcionam como *palavras nominais que são base de concordância* nas frases do português, no nível da educação básica.

Em seguida, vamos conhecer as palavras nominais que funcionam como *adjetivos*. Vamos começar pelo quadro-resumo que apresenta as características da classe geral e das subclasses dos *nominais adjetivos*.

Esse conteúdo que vimos será mais do que suficiente para que seus alunos possam aplicar na análise sintática e, depois, na escrita. Aprofundar mais do que isso não é proibido, mas depende muito de tempo e do nível dos alunos. Sejamos francos, como professores: de que adianta ensinar um conteúdo profundíssimo que os alunos não aprenderão e, o pior, que não terá utilidade alguma para eles? Como tenho dito aqui reiteradas vezes, por mais que gostemos do conteúdo de língua materna que ensinamos, precisamos separar os objetivos da educação básica dos objetivos de um curso de Letras ou de Linguística. Na educação básica, por força de lei, nosso foco deve ser comunicacional: ler, escrever, ouvir e falar. Portanto, toda gramática que ensinarmos nessa fase deve estar focada nisso.

NOMINAIS ADJETIVOS

Quadro descritivo da classe dos nominais adjetivos

Classes		Características	Combinam com
Nominais que funcionam como adjetivos (combinados com um nome ou pronome base)	Adjetivos	• São marcados em masculino ou feminino [bonito/bonita] • São marcados em singular ou plural [bonito/bonitos] • Repetem as marcas de gênero e número dos nomes com os quais estão combinados [menino bonito/ meninas bonitas]	• Nomes • Advérbios
	Alguns pronomes como *este, esse, aquele, meu, teu, seu* etc. quando estão ligados a nomes	• São marcados em masculino e feminino [este/esta] • São marcados em singular e plural [este/estes] • São de 1ª, 2ª ou 3ª pessoa [meu/teu/seu] • Repetem as marcas de gênero, número e pessoa dos nomes ou dos pronomes (base) com os quais estão combinados [aquele homem/ estas mulheres/ meu chapéu/ nossos chapéus]	• Nomes • Em casos raros, com pronome (base) – Ex.: *Teu eu está ferido, Maria.*
	Palavras nominais que funcionem como quantificadores	• Podem ser marcados em masculino e feminino [dois/duas] • Podem ser marcados em singular e plural [décimo/ décimos] • Repetem as marcas de gênero e número dos nomes com os quais estão combinados [duas pessoas/ décimo colocado]	• Nomes • Em casos raros, com pronome (base) – Ex.: *Dois eus e um tu.*
	Artigos	• São marcados em masculino e feminino [o/a] • São marcados em singular e plural [o/os] • Repetem as marcas de gênero e número dos nomes com os quais estão combinados [o homem/ as mulheres]	• Nomes • Em casos raros, com pronomes (base) – Ex.: *O eu e o tu unidos.* • Com qualquer outra palavra que se combine, transforma-a em um nome [o vender/ o um/ o hoje]

110 Morfologia para a educação básica

Como você pode ver em nosso quadro-resumo, temos uma única classe de nominais adjetivos (indicada na primeira coluna à esquerda). Porém, essa classe de palavras foi subdividida em quatro outras "classes" pela gramática tradicional (adjetivos, artigos, numerais e pronomes adjetivos). Essas "classes" tradicionais, na verdade, são apenas subclasses, pois não mudam seu comportamento gramatical funcional, mas apenas o campo semântico que elas representam, não justificando a criação de uma nova classe gramatical. Vamos ver isso com mais calma?

Como identificar os nominais adjetivos?

Nominais adjetivos são palavras nominais (isto é, com marca de gênero) que concordam com os nomes (bases de concordância) nas estruturas sintáticas do português. Observe os exemplos que seguem. Neles, o nome de base está sublinhado e os nominais adjetivos (que concordam com o nome de base, estão em itálico):

a. *O* <u>carro</u> *vermelho*.
b. *Esse* <u>sujeito</u> *chato*.
c. *Dois* <u>quilos</u> de mamão.
d. *A primeira* <u>pessoa</u> d*a* <u>fila</u>.
d. *As* <u>caixas</u> de <u>papel</u> *alcalino*.

Como você pode ver em cada construção, os nominais adjetivos combinam com os nomes (ou seja, concordam com eles) em gênero e número. *Todos eles fazem isso, a menos que isso seja morfologicamente impossível para um determinado nominal adjetivo*. Observe os exemplos a seguir:

a. A <u>menina</u> *diligente* tirou ótima nota na prova.

> Não custa repetir: o português é uma língua que recebeu palavras de muitas outras línguas. Isso faz com que nem todas as palavras que usamos atuem da mesma forma, "redondinhas" e "boazinhas" na hora de se flexionar e concordar. Assim, temos palavras nominais que não apresentam certas flexões, não porque não haja flexões disponíveis na língua, mas porque a própria palavra "se nega" a isso. Por exemplo, "lápis" não tem flexão de número e "inteligente" não tem flexão de gênero. Restrições assim ocorrem em muitos nominais adjetivos, e, às vezes, não é possível fazer a concordância de forma explícita, o que não nega nem elimina o sistema de concordância da língua. Trata-se, nesses casos, de idiossincrasia do item lexical.

a'.   As <u>meninas</u> *diligentes* tiraram ótima nota na prova.

a''.   O <u>menino</u> *diligente* tirou ótima nota na prova.

Mostre aos alunos que a palavra *diligente* (entre outras) não apresenta flexão de gênero. Então, alguém poderia dizer que esse nominal adjetivo não concorda com o nome. Na verdade, essa seria uma conclusão precipitada, pois a palavra apresenta flexão de número e explicita sua concordância nos casos em que se exige esse tipo de flexão. É isso que significa uma palavra nominal ser *morfologicamente impedida de concordar*: é que sua forma no português não apresenta flexão de número e/ou de gênero. Ou seja, quando ela se relaciona a um nome e, assim, atua como nominal adjetivo, ela está em uma posição de concordância e está concordando, de certa forma, mas somente dentro de seus limites morfológicos.

Então, qual é a diferença entre artigos, adjetivos (em si, como considerados pelas gramáticas normativas), numerais e certos pronomes que funcionam como adjetivos? Apenas os sentidos gerais que essas palavras expressam. E basear uma classe de palavras apenas nos sentidos é muito complicado, pois isso gera muitas exceções e variações.

Vamos nos lembrar da diferenciação que <u>os gramáticos tradicionalistas fazem</u>:

- Adjetivos (em si) seriam palavras que expressam propriedades (muitos ainda falam de "qualidades") das coisas representas pelos nomes (carro *vermelho*, pessoa *caridosa*, animal *feroz*, aula *divertida* etc.).
- Artigos seriam uma espécie de palavra "acompanhante", que especifica (o definido) e que não especifica (o indefinido). São exemplos: *o* lápis, *um* lápis. Mas os artigos não seriam uma espécie de pronomes? Afinal, temos pronomes com sentidos muito semelhantes a esses dos artigos: *este* lápis, *qualquer* lápis? E qual seria a diferença entre *um* lápis (no sentido de artigo) e *um* lápis (no sentido de numeral)? Quando falo um lápis qualquer (sentido de artigo) não continua sendo apenas "um" lápis (sentido de numeral)? Confuso, não é? Pois é esse, justamente, o problema de se tentar criar e manter a ideia de uma classe de palavras somente baseada no sentido.
- Numerais seriam palavras que indicam quantidade. Até aí, tudo bem. Mas o problema é que existem muitos nomes que indicam quantidade (milheiro, dúzia, fardo, centena, quilo, litro etc.) e isso torna essa definição baseada apenas na ideia de quantidade bem confusa.

112 Morfologia para a educação básica

- Finalmente, temos pronomes que funcionam como adjetivos (como *este, esse, aquele, algum, todo, certo, meu, teu, nosso* etc.). Esses pronomes mantêm sua característica de ter *referência indireta*, mas atuam gramaticalmente como nominais adjetivos, ou seja, concordando com os nomes aos quais se relacionam.

Então, podemos ver que a classificação tradicional é bem frágil e complicada. Isso porque eles esquecem uma parte fundamental da caixinha das classes de palavras. Lembra qual é? A *função*.

Por isso mesmo, precisamos rever essas classes de palavras adjetivas uma a uma, abordando, de forma comparativa, uma visão mais funcional com o que se divulga costumeiramente pela visão normativa. Vamos lá.

> Como já expliquei anteriormente, quando criamos classes de palavras precisamos de dois aspectos considerados em conjunto: o *sentido* e a *função*. E *função* – lembre-se! – abrange as peculiaridades morfológicas que a palavra precisa assumir para exercer uma função na frase. Por isso tudo, tentar preencher uma "caixinha" de palavras apenas com o sentido acaba provocando problemas, especialmente, de interpretação subjetiva, como ocorre nas gramáticas mais antigas.

Os nominais adjetivos têm flexão de grau em português?

Não. E ainda bem! Como já vimos lá na parte sobre flexão e derivação, a marcação de grau no português se faz por derivação (ou seja, com o uso de afixos) e não por flexão (ou seja, com o uso de desinências). Assim, por não se constituir flexão, é que também não há concordância de grau. Observe os exemplos, em que o nome está sublinhado e os nominais adjetivos estão em itálico:

a. *Um* cachorro *preto* e *bravo* atacou minha mãe. (sem manifestação de grau)

b. *Um* <u>cachorrão</u> *preto* e *bravo* atacou minha mãe. (derivação com sentido de grau apenas no nome, mas sem concordância, como é normal da língua)

c. *Um* cachorro *preto* e *bravíssimo* atacou minha mãe. (derivação com sentido de grau apenas no nominal adjetivo, mas sem concordância, como é normal da língua)

> E se *grau* fosse flexão? Então, haveria concordância de grau entre o nome e o nominal adjetivo. Algo esquisito assim:
>
> d. **Umzão cachorrão pretão e bravíssimo* atacou a minha mãe.
>
> Como disse, ainda bem que grau não é flexão em português...

O QUE SÃO ARTIGOS?

Artigos são palavras que se juntam sempre antes dos nomes para indicar *especificação* (artigos definidos: *o, a, os, as*) ou *inespecificação* (artigos indefinidos: *um, uma, uns, umas*). O problema sobre os artigos, como já disse anteriormente, é que existem outras palavras que fazem praticamente a mesma coisa e da mesma forma. Então, justificar uma classe de palavras sem exclusividade de sentido nem de função é bem complicado. Talvez por isso não encontremos bons conceitos do que seja um artigo em nenhuma das gramáticas existentes do português.

> Uma das definições mais estranhas e vazias é a que aparece na gramática oficial do MEC, escrita pelo gramático Celso Ferreira da Cunha (1985). Nela se diz que "Dá-se o nome de artigos às palavras *o* e *um*, que se antepõem aos substantivos" (p. 214). Ou seja: O que são artigos? *O* e *um*. E o que são *o* e *um*? Artigos. Não ajuda muito, não é mesmo? Pior ainda é que, quando digo que "Comprei um carro e não dois, como meu irmão disse a você", a palavra "um" está à frente de um nome, mas aí é um quantitativo e não um artigo. Definições como essas dadas por Cunha são comuns em gramáticas antigas e ainda aparecem nos livros didáticos. Cuidado com elas...

Na década de 1970, uma importante linguista brasileira chamada Mary Kato escreveu um livro[5] na tentativa de explicar como os artigos funcionavam no português, especialmente o artigo definido. Ela concluiu algumas coisas importantes, como o fato de o artigo aparecer apenas antes do nome e de serem necessárias várias condições extralinguísticas e funcionais para o uso do artigo antes de uma palavra, como a necessidade de definição de um foco e da existência de certas pressuposições necessárias. Isso explica muito, mas não resolve o problema do conceito final do que seja um artigo ou da razão que justificaria a existência dessa classe separada dos nominais adjetivos.

Na década de 1980, o gramático José Rebouças de Macambira, em seu livro *A estrutura morfo-sintática do português*,[6] sugeria, com base nos estudos do linguista Otto Jespersen, que a classe dos artigos deveria ser excluída da gramática e integrada aos numerais ou aos pronomes. Mas, no decorrer de sua argumentação, ele diz algo inusitado que é o fato de que o artigo transformaria qualquer palavra a que se anteponha em substantivo. Bem, isso pode ser entendido ao contrário também: o artigo só pode se antepor a uma palavra que seja substantiva. De toda forma, por fim, ele acaba recorrendo à ideia de que o artigo particulariza (definido) ou generaliza (indefinido) o sentido de um substantivo.

Muito mais recentemente, a *Gramática do português culto falado no Brasil*, em um volume[7] em que os autores tratam de palavras cujas classes não costumam receber novas palavras, o artigo é tratado como um *especificador*. O que é um especificador? Em suma, é um nominal adjetivo que traz algum sentido adicional e de identificação (especificação) para a coisa que o nome ao qual está relacionado representa, ou seja, ainda um critério mais semântico do que funcional. E, ao final do capítulo, depois de dezenas de excelentes explicações sobre como o artigo funciona e sobre quais são seus sentidos principais no português, continuamos sem uma definição ou conceito que justifiquem o fato de o artigo ser uma classe separada de palavras.

Ou seja, ao que parece, seria mesmo mais simples, ao invés de inventar definições e conceitos para os artigos, tratar essas palavras como sendo apenas mais dois nominais adjetivos e só isso.

O QUE SÃO QUANTIFICADORES?

Alguns nominais adjetivos expressam sentidos de *quantidade*, ou seja, são *quantificadores*. Essas palavras são classificadas tradicionalmente, especialmente nas gramáticas normativas, como *numerais*, porém, há muitos problemas em relação a algumas dessas palavras. Nessas gramáticas, os numerais são divididos em quatro tipos:

a. cardinais – *um, dois, três, quatro, cinco* etc.;
b. ordinais – *primeiro, segundo, terceiro, quarto, quinto* etc.;
c. multiplicativos – *o dobro, o triplo, o quádruplo, o sêxtuplo* etc.;
d. fracionários – *um meio, dois terços, quatro quintos, sete oitavos* etc.;

Como você pode logo notar ao ver os exemplos anteriores, apenas os chamados cardinais e ordinais podem funcionar como nominais adjetivos:

a. *dois* animais
b. *quatro* pessoas
c. o *primeiro* colocado
d. o *quinto* lugar

Desses, não é incomum que os ordinais funcionem como nomes:

a. O *primeiro* ganha uma medalha.
b. O *último* a acabar vai lavar os pratos.
c. O *quarto* não ganha mais medalha.

Já os multiplicativos e fracionários só funcionam como nomes:

a. Preciso d*o dobro* de pregos nessa obra.
b. Só fico no emprego se ganhar *o triplo* do salário atual.
c. A reforma vai atingir *um terço* dos trabalhadores na ativa.
d. A Antártida tem *dois terços* da água doce do mundo.

Ou seja, não podemos colocar todas as palavras que indicam quantidade em uma classe só! Elas pertencem a caixinhas gramaticais diferentes: algumas são *nomes* e outras são *nominais adjetivos*.

116 Morfologia para a educação básica

Assim, as palavras que indicam quantidades e funcionam como nomes, chamamos apenas de *nomes*. As palavras que indicam quantidades e funcionam como nominais adjetivos, podemos chamar apenas de *nominais adjetivos* (que é o que elas são) ou de *quantificadores* (um rótulo mais voltado para seu sentido).

Aliás, você já pensou em outras formas que usamos para indicar quantidades e que não são relacionadas a essas palavras tradicionalmente chamadas de numerais? São muitas no nosso dia a dia e vale a pena conversar isso com seus alunos.

Como se compra arroz? Normalmente, em *saco* de cinco quilos. Quando dizemos, "um saco de arroz" no ambiente doméstico, estamos falando de 5 quilos. A palavra *saco*, aí, significa "cinco quilos". No ambiente agrícola, o saco de arroz já descascado tem, normalmente, 50 ou 60 quilos. Nesse outro ambiente, *saco* representa outra quantidade bem maior. Aliás, nesse ambiente agrícola, prefere-se a palavra "saca" à palavra "saco". Então, teríamos "um saco de arroz" (equivalente a 5 quilos e próprio para uso em ambiente doméstico) e uma saca de arroz (equivalente a 50 ou 60 quilos e próprio para uso em ambiente agrícola).

Tijolos e telhas, compramos por *milheiro*, que é um conjunto de mil peças.

Muitas frutas são compradas por *dúzia*, que são 12 unidades.

Areia e pedra britada para construção, compramos por *metro*, que, nesse caso, significa *metro cúbico*, ou seja, um cubo imaginário (como se fosse uma caixa sem tampa) com um metro de altura (dimensão 1), um metro de largura (dimensão 2) e um metro de profundidade (dimensão 3, daí se chamar de "cúbico", ou seja, com três dimensões) cheio de areia ou de pedra.

Pisos cerâmicos e forro de teto nós também compramos por *metro*. Mas, aí, já é *metro quadrado*, ou seja, um plano imaginário com um metro de cada lado (apenas largura e altura, isto é, com duas dimensões e, por isso mesmo, "quadrado").

Canos e fios compramos também por metro! E este é, ainda, outro metro: o *metro linear*, ou seja, como se fosse uma linha com um metro de comprimento (ou com uma só dimensão).

> Por isso, quando você chega em um depósito de material para construção e pede "meio metro de areia, três metros de piso e cinco metros de fio de cobre para instalação elétrica", usou a palavra "metro" três vezes para indicar quantidades, mas, em cada uma delas, com um significado diferente. Muito interessante!
>
> E, na feira, quais são as medidas usadas? Tem *bacia, lata, saco, penca, réstia, copo, xícara, garrafa, cabeça, mãozada, peça, unidade...* Mas, também, tem *quilo, litro* e *dúzia*, que já são mais definidas.
>
> Isso dá uma ótima pesquisa e um bom debate de classe, especialmente, utilizando os conhecimentos extraclasse que seus alunos possuem (de repente, algum deles trabalha em construção civil, na feira, em um supermercado, na agricultura, e essa seria uma ótima ocasião para que esses alunos sintam seu conhecimento valorizado pela escola).

Enfim, as maneiras para expressar quantidades são incrivelmente variadas em nosso dia a dia e dependem muito do ambiente em que são utilizadas, pois, em cada ambiente, é comum que haja maneiras específicas de medir as quantidades em função das coisas que são medidas. E, como era de se esperar, cada uma dessas medidas recebe uma palavra apropriada para sua expressão.

Qual deve ser sua preocupação gramatical, então? *Verificar se as palavras que indicam quantidades estão funcionando como nomes (base) ou como nominais adjetivos (quantificadores concordando com a base). Isso é que fará diferença no seu estudo gramatical.*

QUAIS SÃO OS PRONOMES ADJETIVOS?

São os pronomes que *atuam junto aos nomes, concordando com estes como o fazem todos os nominais adjetivos*. Os sentidos expressos pelos pronomes adjetivos são variados. Podemos, inclusive, aproveitar os rótulos tradicionais para mostrar esses sentidos. Senão, vejamos:

Pronomes demonstrativos

São pronomes que relacionam os nomes aos quais se ligam a alguma das pessoas gramaticais, adotando concordância nominal (em gênero e número) com esses nomes. Assim, temos:

1. Demonstrativos de 1ª pessoa (relativos a "eu" ou "nós", perto de "eu" ou "nós", no tempo de "eu" ou "nós" etc.) – *este*, *esta* (e *isto*, que não funciona como nominal adjetivo, mas como nome).
   Exemplos:
   a. *Este* ano está quente. (Ano em que eu estou falando.)
   b. *Esta* cidade é bem violenta. (Cidade em que eu estou ao falar isso.)
   c. *Isto* não é da sua conta. ("Isto" é um assunto que diz respeito a mim.)
2. Demonstrativos de 2ª pessoa (relativos a "tu/você" ou "vós/vocês", perto de "tu/você" ou "vós/vocês", no tempo de "tu/você" ou "vós/vocês" etc.) – *esse*, *essa* (e *isso*, que não funciona como nominal adjetivo, mas como nome).
   Exemplos:
   a. *Esse* ano foi muito quente. (Ano passado, que não é o ano em que eu estou falando.)
   b. *Essa* cidade é bem violenta. (Cidade em que tu/você, que está me ouvindo, está.)
   c. *Isso* não é da sua conta. ("Isso" é um assunto que não diz respeito a mim, mas a outra pessoa, logo, um assunto que não me pertence.)
3. Demonstrativos de 3ª pessoa (relativos a "ele/ela" ou "eles/elas", perto de "ele/ela" ou "eles/elas", no tempo de "ele/ela" ou "eles/elas" etc.) – *aquele*, *aquela* (e *aquilo* que não funciona como nominal adjetivo, mas como nome).
   Exemplos:
   a. *Aquele* ano foi muito quente. (Ano longínquo.)
   b. *Aquela* cidade é bem violenta. (Outra cidade de que estamos falando, que não é nem a que eu estou nem a que você está.)
   c. *Aquilo* não é da sua conta. ("Aquilo" é um assunto que não diz respeito a mim nem a você, um assunto mais distante sobre o qual falamos.)

Os demonstrativos concordam com os nomes aos quais se ligam, trazendo ainda um sentido bem importante do ponto de vista prático da linguagem.

Quando conversamos em português, usamos, entre outras formas, as pessoas gramaticais para nos localizar e localizar as demais coisas no mundo. O que é relativo a *eu*, a *você* ou a *ele*, por exemplo, são localizações necessárias para uma conversa do dia a dia.

> Além dos pronomes demonstrativos, o português tem muitas outras palavras que nos ajudam a fazer localizações (qualquer tipo de localização: no tempo, no espaço, no texto, enfim, qualquer tipo necessário). *Aqui, ali, lá, hoje, ontem, amanhã, meu, teu, seu, agora* e *depois* são apenas alguns exemplos. Essas palavras que apresentam um sentido de localização recebem um nome especial em gramática: são as *palavras dêiticas*. Elas têm este nome pois fazem *dêixis*, ou seja, elas *mostram* (onde as coisas estão).

Os demonstrativos conseguem fazer essa localização. Então, o que eles demonstram para ser "demonstrativos"? Na verdade, eles mais "localizam" do que "demonstram". Parece que a palavra "demonstrar", aí, significa algo como "mostrar a relação com uma das pessoas gramaticais", "localizar em relação às pessoas gramaticais".

Pronomes indefinidos

Lá na parte em que estudamos os nomes, mostramos que muitos pronomes indefinidos funcionam como nomes e não como nominais adjetivos. Aliás, também vimos que alguns deles realmente trazem o sentido de indefinição, mas outros são bem definidos quando usados.

Porém, neste grupo de palavras, tradicionalmente separadas nas gramáticas como uma subclasse, algumas como *algum, nenhum* e *certo* costumam funcionar como nominais adjetivos, ou seja, ligadas e concordando com nomes, mas com a mesma questão em relação ao seu sentido: ora com sentido de indefinição, ora com sentido de definição. Veja os exemplos:

1. Com sentido de indefinição:
   a. *Alguma* <u>candidata</u> nasceu em Paraisópolis?
   b. *Certas* <u>pessoas</u> não querem mesmo nossa consideração...
2. Com sentido de definição:
   a. *Nenhuma* <u>pessoa</u> conhece as regras aqui!

Notou como esses pronomes estão funcionando ligados a nomes e concordando com eles? Por isso são nominais adjetivos. Ou seja: há pronomes indefinidos que funcionam normalmente como *nomes* e outros pronomes indefinidos que normalmente funcionam como *nominais adjetivos*: atenção para não deixar essa parte superficialmente explicada, pois normalmente os alunos se confundem muito com isso!

Pronomes possessivos

São pronomes que normalmente funcionam como nominais adjetivos, estabelecendo relação entre duas palavras e não entre apenas uma, como seria normal nos adjetivos. Portanto, esses pronomes são os adjetivos mais peculiares e de funcionamento gramatical mais complexo em nossa língua (por isso falei, em uma observação anterior, que eles constituíam o único grupo de pronomes com uma peculiaridade gramatical exclusiva).

Como você já viu, todas as subclasses de nominais que podem atuar como adjetivos têm características funcionais muito parecidas. Na prática, isso significa que cada palavra dessas concorda em gênero e número com sua respectiva base nominal. Mas os pronomes chamados de *possessivos* resolveram combinar não apenas com uma base, mas com duas! E como isso seria possível se eles só têm desinências ao final, como as demais palavras nominais? Pois bem, é aqui que você vai entender algo que lhe mostrei lá atrás, quando falei que *os radicais das palavras nominais do português são marcados em pessoa*, ou seja, vai entender por que os nomes marcam pessoa em seu radical.

Veja só que coisa interessante: os pronomes possessivos, funcionando como nominais adjetivos, vão combinar:

1. em gênero e número, com a "coisa possuída", por meio das desinências; e
2. em número e pessoa com o "possuidor", por meio de seu radical marcado em pessoa. Veja os exemplos:

a. Eu e m-eu-s braços machucados.

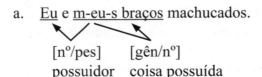

[nº/pes]   [gên/nº]
possuidor   coisa possuída

b. Tu e t-ua esposa enjoada.

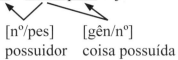

[nº/pes]   [gên/nº]
possuidor coisa possuída

c. Ele e s-ua-s motocicletas antigas.

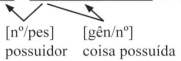

[nº/pes]   [gên/nº]
possuidor coisa possuída

Observou bem? Isso é importante para compreender o sistema de concordância do português:

1. os radicais desses pronomes são marcados implicitamente em pessoa gramatical, como todo radical de palavra nominal; e
2. suas desinências expressam (marcam explicitamente) gênero e número, conforme o quadro a seguir:

Quando o "possuidor" é...	usamos o radical correspondente ao número e pessoa da palavra que representa o "possuidor" e...	as seguintes desinências para masculino e feminino/ singular e plural de maneira a concordar com a palavra que representa a "coisa possuída"
1ª pessoa do singular (*eu*)	m-	-eu/ -eus
		-inha/ inhas
2ª pessoa do singular (*tu*)	t-	-eu/ -eus
		-ua/ -uas
2ª pessoa do singular (*você*)	s-	-eu/ -eus
		-ua/ -uas
3ª pessoa do singular (*ele*, *ela* ou qualquer outro *nome no singular*)	s-	-eu/ -eus
		-ua/ -uas
1ª pessoa do plural (*nós*)	nos(s)	-o/ -os
		-a/ -as
1ª pessoa do plural (*a gente*)	nos(s)	-o/ -os
		-a/ -as
2ª pessoa do plural (*vós*)	vos(s)	-o/ -os
		-a/ -as
2ª pessoa do singular (*vocês*)	s-	-eu/ -eus
		-ua/ -uas
3ª pessoa do plural (*eles*, *elas* ou qualquer outro *nome no plural*)	s-	-eu/ -eus
		-ua/ -uas

O pronome possessivo é a única palavra de nossa língua que consegue combinar com duas bases ao mesmo tempo. Logo, é uma palavra muito especial no grupo das palavras adjetivas.

Outra coisa que vale a pena comentar aqui é que algumas pessoas consideram *dele/dela* como pronomes possessivos. Não são. São contrações do conectivo "de" com os pronomes retos "ele"/"ela". O sentido, evidentemente, é de "posse", mas isso também ocorre em "faca *de João*"/ "faca *do João*" e "saia *de Maria*/ saia *da Maria*". A construção é a mesma: conectivo "de" (criando uma relação de posse entre duas palavras) + um nome (ou pronome). É uma construção sintática que dá ideia de "posse", mas não é um "pronome possessivo" em sentido estrito e, muitos menos, com concordância dupla como ocorre em um possessivo típico.

> Note como o uso do *você* na 2ª pessoa uniformiza os pronomes dessa pessoa gramatical com os da terceira pessoa e simplifica as coisas (*Você* e *sua* casa). A mesma simplificação ocorre entre *nós* e *a gente* (*A gente* comprou *nossa* casa pelo financiamento). Como já comentei lá atrás (na apresentação dos *pronomes retos*), essa simplificação é uma tendência muito forte do português atual que vale a pena comentar com seus alunos.

Bem, mas estamos falando há algum tempo de "possessivos" e de "posse" sem falar sobre o que isso significa. Em português, não temos palavras diferentes para falar dos diferentes tipos de "posse" que conseguimos distinguir. Observe atentamente os exemplos a seguir:

a. Este livro é *meu*: eu sou o autor! (Meu por *autoria*)
b. Larga o *meu* braço, por favor! (Meu porque *faz parte* de mim)
c. Este carro é *meu* e foi muito bem pago! (Minha *propriedade*)
d. *Meu* pai já é falecido. (Meu por *parentesco*)
e. *Meu* país está com problemas financeiros. (Meu por *nascimento/ origem*)
f. *Meu* curso na faculdade foi muito bom. (Meu porque me matriculei nele)
g. *Meu* clube vai ser campeão este ano, te juro! (Meu por *afeição* ou por *filiação*)
h. *Meu* amigo não quer ir jantar nesse restaurante não! (Meu por *afeição*)

Nesses exemplos, cada uma das relações entre "mim" e as coisas que chamei de "minhas" é diferente. Cada uma delas é uma forma diferente de "posse", mas, em português, usamos apenas os possessivos para expressar essas diferentes relações.

Nós entendemos que são formas diferentes de posse porque nossa cultura nos ensinou isso e damos conta, perfeitamente, de separar cada uma delas. Mas há línguas em que existem palavras diferentes para falar, por exemplo, de "meu braço" (parte de mim) e "meu carro" (minha propriedade). Em português, como temos apenas os possessivos, precisamos de informações extralinguísticas (culturais) de que dispomos para diferenciar esses diferentes tipos de "posse".

> Então, ao falar de "possessivos", vale a pena conversar com seus alunos sobre o conceito de posse para que eles não pensem que os possessivos são palavras que falam apenas de *propriedade*, daquilo que é de alguém porque esse alguém comprou.

Aqui encerramos o estudo das palavras nominais do português. Que tal um resumo para ajudar a lembrar as principais coisas que seus alunos precisam saber sobre essas palavras?

- *Palavras nominais* no português são aquelas que apresentam *gênero* (masculino ou feminino).
- As *palavras nominais* também podem se flexionar em *número*.
- As *palavras nominais* são marcadas em *pessoa* implicitamente em seus *radicais*.
- Há *dois tipos de palavras nominais* no português: *nomes* e *nominais adjetivos*.
- *Nomes* são palavras nominais que funcionam como *base* do sistema *de concordância* da língua.
- *Nominais adjetivos* são palavras que funcionam *concordando em gênero e número com os nomes*, sempre que isso é morfologicamente possível.
- Embora não haja necessidade disso, para entender a gramática funcional do português, *podemos dividir os nomes e nominais adjetivos em subclasses semânticas*, segundo seus *sentidos*. Mas, como só usamos o *sentido* nesse caso, algumas dessas subclasses podem resultar confusas e pouco definidas, como é o caso especial dos artigos.

Uma nota adicional ao nosso resumo:

> • Só para facilitar, para criar uma "ponte" entre o conhecimento terminológico tradicional e prévio de seus alunos e o que ensinei aqui, vale lembrar:
> a. usando a terminologia tradicional, os *nomes* são as *palavras substantivas*, as *substantivadas* e os *pronomes substantivos*;
> b. os *nominais adjetivos* são os *adjetivos*, os *artigos*, *alguns numerais* que funcionam como adjetivos e *alguns pronomes* que funcionam como adjetivos.

Tudo explicado sobre as palavras nominais do português? Então, é hora de iniciar o estudo dos verbos – e temos muita coisa a ensinar sobre eles. Vamos lá?

Verbos

ALGUMAS RAZÕES PARA ESTUDAR E ENSINAR ESTE CONTEÚDO:

O verbo é a classe morfologicamente mais complexa do português e, por sua grande variedade de formas, certamente a que causa maior dificuldade aos alunos (e, justamente por isso, este é o capítulo mais longo deste livro). Além desses aspectos, o verbo exerce grande importância na estruturação sintática da língua e, por isso mesmo, compreender os aspectos morfossintáticos do verbo é algo essencial para seus alunos entenderem o funcionamento das frases em português. Mas, também, uma compreensão aprofundada dessa classe de palavras vai ajudá-los a aperfeiçoar suas formas pessoais de comunicação oral e escrita.

Agora que você já ensinou as palavras das duas classes nominais aos seus alunos, passemos ao quadro da classe verbal. Como se verá a seguir, em nossa língua, temos apenas uma classe de verbos – o que, aliás, é mais do que suficiente:

126   Morfologia para a educação básica

Quadro descritivo da classe verbal

Classes e subclasses		Características	Combinam com
Classe verbal	Verbos	• São marcados em singular ou plural (marca de número) e de pessoa (1ª, 2ª ou 3ª) [comi/ comeste/ comeu/ comemos/ comestes/ comeram] • São marcados em passado, presente e futuro (marca de tempo) e indicam o modo como a ação é apresentada (marca de modo) [eu comi/ eu como/ eu comerei/ se eu comer/ coma!] • Quando estão ligados a um nome ou pronome que funcionem como a base do verbo, concordam com ele em número e pessoa [eu comi, nós comemos, a gente comeu] • Quando estão sozinhos, isto é, funcionando sem base nominal de concordância, são sempre de 3ª pessoa [há muita gente aqui] • Quando estão servindo de base para um nome ou pronome, não exigem que esse nome concorde com eles. [Sempre como doces./ Comemos doce ontem.]	• Nomes • Pronomes (base) • Advérbios

Então, o que é uma palavra verbal em português?

A forma mais simples de conceituar o que é um verbo no português brasileiro é: *o verbo é a única palavra que pode ser modificada (flexionada) para expressar mudanças em relação ao tempo.*

Observe que não se afirmou aqui que só "o verbo expressa a ideia de tempo". Há muitas palavras em nossa língua que expressam a ideia de tempo (como *hoje, ontem, amanhã, agora, nunca* etc.) e que não são verbos. Mas note que nenhuma dessas palavras citadas se flexiona para expressar mudanças de tempo, indicando, por meio de uma mesma palavra (embora flexionada com o uso de desinências específicas), ideias de presente, passado ou futuro, como ocorre, por exemplo, em *ando, andei, andarei*. Apenas o verbo faz isso.

Mas, então, o verbo não é a palavra que expressa ação, estado etc., como você sempre ouviu falar? Não, não é. Como tenho dito desde o começo deste livro, para estudar uma língua precisamos de bons critérios e de pensar a língua como língua, e não como as coisas que ela representa.

Para seus alunos entenderem melhor isso, observe que coisa interessante ocorre aí nessas frases – não é o verbo que expressa o evento principal nelas contido:

a. Maria foi <u>processada</u> pelo ex-marido.
b. João foi <u>aplaudido</u> pelos amigos.
c. José foi <u>contratado</u> pela Petrobras.

Que ações ocorreram em cada uma das frases? Na primeira, o ex-marido de Maria a processou, na segunda, os amigos aplaudiram o João e, na terceira, a Petrobras contratou o José. Mas os verbos *"processar"*, *"aplaudir"* e *"contratar"* não aparecem nas orações! Como entendemos que essas ações ocorreram? Isso é possível porque a ação é compreendida a partir do adjetivo, ou seja, as ações expressas na frase são subentendidas nos adjetivos *"processada"*, *"aplaudido"* e *"contratado"*. Se a gente prestar mais atenção na língua, vai perceber como isso é bem comum. Por isso *é errado dizer que os verbos são as "palavras que expressam ações"*. Os verbos até podem ter esse sentido em certas frases, mas nem sempre, e, ademais, não somente os verbos expressam ações. Note como esses adjetivos nas frases citadas, embora possam mudar em gênero e número, não podem mudar em tempo. Só os verbos podem! Essa é a diferença básica. Nas frases a seguir, observe como sabemos o que aconteceu apenas entendendo os adjetivos que aparecem:

a. A missão está <u>concluída</u>. (Porque alguém a concluiu.)
b. A mesa está <u>enfeitada</u>. (Porque alguém a enfeitou.)
c. O cavalo foi <u>domado</u>. (Porque alguém o domou.)
d. Lição <u>aprendida</u>! (Porque alguém a aprendeu.)

Quer ver outros exemplos em que a ação não está expressa no verbo nem em adjetivos? Olhe:

e. A <u>destruição</u> do prédio foi rápida.
f. A <u>matança</u> de animais é sempre triste.
g. O <u>discurso</u> de João não foi legal.

Quais são as ações apresentadas em cada um dos exemplos? No primeiro, o prédio foi destruído, no segundo, animais são mortos e, no

128 Morfologia para a educação básica

terceiro, João discursou. Onde essas ações estão expressas em cada frase? Nos nomes que, por acaso nesses exemplos, são os núcleos do sujeito em cada sentença. Viu como definir os verbos como palavras que expressam ação é uma forma equivocada de entender os verbos?

Você pode facilmente testar isso com conhecimentos básicos que seus alunos têm sobre a língua:

a.   João *canta* bem.
a'.   João *cantava* bem.
a''. João *vai cantar* bem um dia.

Nessas frases, o verbo é a única palavra capaz de se flexionar (de mudar sua forma) para indicar a mudança de tempo. E observe que, nas duas primeiras frases, o verbo é formado por uma só palavra que se flexiona do presente para o passado. No terceiro exemplo, o verbo é formado por duas palavras, sendo que a primeira é que se modifica, a que se flexiona. Isso é um padrão da língua, como veremos em detalhes adiante.

COMO IDENTIFICAR UM VERBO

Identificamos os verbos fazendo *testes de flexão*. Ou seja, você precisa incentivar seus alunos a verificar, no texto em que estão analisando, quais são as palavras que podem ser flexionadas em relação ao tempo. Por exemplo, em um texto como este:

• João <u>acabou</u> com todos os doces da geladeira de sua casa. A mãe dele não <u>está</u> nada contente com isso, porque <u>proibiu</u> o rapaz de <u>comer</u> doce antes do almoço. Um dia ele ainda <u>fica</u> de castigo por isso.

apenas as palavras sublinhadas podem ser alteradas em relação ao tempo:

• acabou, acaba, vai acabar etc.
• está, estava, estaria etc.
• proibiu, proibia, ia proibir etc.
• comer, comia, comesse etc.
• fica, ficava, ficou etc.

Note como a palavra "casa" merece atenção. Quando ela está funcionando como verbo, ela pode ser modificada em relação ao tempo (casa, casei, ia casar etc.), mas, aqui no texto, ela está atuando como nome. Nesse caso, não tem sentido uma modificação em relação ao tempo.

Outra coisa muito importante é que o verbo nunca tem variação em gênero (ou seja, *um verbo nunca é masculino ou feminino*), pois isso é uma característica privativa das palavras nominais na nossa língua. Exemplos como estes a seguir, que têm sido tradicionalmente tratados como verbos no *particípio*, na verdade são exemplos de *adjetivos*. Veja como as palavras sublinhadas têm flexão de gênero:

a. O menino foi <u>achado</u> pelo pai./ A menina foi <u>achada</u> pelo pai.
b. A boleto tinha sido <u>pago</u> pelo homem./ A conta tinha sido <u>paga</u> pelo homem.
c. O seminário está <u>preparado</u>./ A apresentação está <u>preparada</u>.

Por ora, não se preocupe muito com o particípio, pois vamos estudar essa questão com detalhes mais adiante.

VERBOS SIMPLES, VERBOS COMPOSTOS E EXPRESSÕES VERBAIS

Em nossa língua, ocorrem verbos em três tipos diferentes de construções mórficas: *simples, locuções e expressões*.

Verbos simples, como o nome procura representar, são aqueles que aparecem na forma de uma só palavra:

a. João <u>cantou</u> a filha do vizinho.
b. Maria <u>sabia</u> bem a história.
c. Todo mundo <u>queria</u> um pouco mais de comida.

Verbos em *locução*, também chamados de *verbos compostos*, são aqueles que aparecem na forma de duas (ou, mais raramente, três) palavras verbais funcionando como se fossem apenas uma palavra. Nesse caso, apenas a primeira delas (chamada de *verbo auxiliar*) é que se modifica, se flexiona. A segunda palavra da locução (chamada de *verbo principal*) está sempre em uma forma fixa.

> Atenção: todas as palavras de uma locução verbal são verbos.

> Repare que, na locução, é o verbo auxiliar que passa mais a *ideia de tempo* (por isso é chamado de *auxiliar*, pois tem uma função "mais gramatical") e o principal passa mais a *ideia principal* do verbo (por isso é chamado de *principal*, pois tem uma função mais semântica, mais ligada à essência de sentido da locução). Porém, não se pode deixar de notar que o semantismo próprio dos verbos auxiliares também tem uma participação na ideia geral da locução. Veja que podia cantar tem um sentido muito diferente de devia cantar ou de ia cantar.

- vou cantar, vai cantar, ia cantar etc.
- tenho cantado, tinha cantado, temos cantado etc.
- havia feito, haviam feito, havíamos feito etc.
- estou cantando, estava cantando, estarei cantando etc.

Porém, nossa língua não tem verbos específicos para todos os eventos que acontecem no mundo. Aliás, nenhuma língua conhecida tem. Então, as línguas têm que criar algumas combinações de palavras que nem sempre são verbais, mas

> Nas expressões verbais não são usadas apenas palavras verbais. Palavras de quaisquer naturezas podem ser usadas, embora o conjunto formado vá funcionar como um verbo.

que acabam funcionando como um único verbo. Essas combinações de palavras que funcionam como um verbo são as *expressões verbais*. Veja, por exemplo, uma ação como "subir escada": não temos um verbo para isso.

O que acaba acontecendo é que a língua recorre a "subir escada" e "catar feijão" como sendo apenas um verbo e trata isso, na frase, como se fosse um verbo. É uma saída gramatical simples e econômica. Da mesma forma, temos uma expressão interessante que é "ser que" (normalmente, ocorre como "foi que" e "é que"). Essa expressão usa o verbo "ser" com um sentido muito especial, um uso desse verbo sem sujeito, o que é bem raro em nossa língua. Ela aparece em frases como:

a. Aí <u>foi que</u> o cara chegou.
b. Não <u>é que</u> ele foi reprovado de novo?
c. Ele bebeu e, então, <u>foi que</u> ele bateu o carro.

Observe como, nesses exemplos, o verbo tem um complemento, mas não tem sujeito, e isso é pouco usual para o verbo *ser*:

> E outra coisa muito comum em nossa cultura, que é "catar feijão", também não tem um verbo para isso. "Catar feijão" não é catar coisas no chão, não é nem mesmo "catar", na verdade: é fazer uma seleção no feijão para ver quais são os grãos próprios para a alimentação. É um evento complexo e usual no Brasil, mas não temos um verbo para isso. Porém, temos um verbo "maluco" para algo inusitado: jogar uma pessoa pela janela! O verbo é "defenestrar", que significa isso mesmo que eu disse, por incrível que pareça. Vai entender, não é mesmo? Não temos verbo para "catar feijão" nem "subir escada", mas temos verbo para jogar pessoas pela janela. O que fazer, então?
>
> Ou seja: um verbo tem, outro verbo não existe. Quem define isso? Na verdade, um conjunto enorme de fatores, como os substratos linguísticos que compuseram o português e o fato de a língua optar por uma expressão funcional e simples ao invés de criar mais um étimo específico. Uma língua não tem dono: tem história.

- Aí <u>foi que</u> o cara chegou. (Foi o quê? O cara chegou.)
- Não <u>é que</u> ele foi reprovado de novo? (É o quê? Ele foi reprovado de novo.)
- Ele bebeu e, então, <u>foi que</u> ele bateu o carro. (Foi o quê? Ele bateu o carro.)

Em cada um dos três formatos verbais (simples, locução ou expressão), o verbo continua mantendo sua característica morfológica de flexão em tempo, mesmo que seja em apenas uma das palavras da locução ou da expressão.

VERBOS REGULARES E IRREGULARES

Os *verbos regulares* são aqueles cujos radicais e desinências funcionam sem qualquer modificação dentro da conjugação. Vamos tomar como exemplo um verbo da segunda conjugação e ver como seu radical se combina com as terminações sem alterações:

tempo → ⏎ pessoa ↓	presente	passado perfeito	passado imperfeito	passado mais-que-perfeito	futuro do presente	futuro do passado
1ª singular	vend-o	vend-i	vend-ia	vend-era	vend-erei	vend-eria
2ª singular	vend-es	vend-este	vend-ias	vend-eras	vend-erás	vend-erias
3ª singular	vend-e	vend-eu	vend-ia	vend-era	vend-erá	vend-eria
1ª plural	vend-emos	vend-emos	vend-íamos	vend-êramos	vend-eremos	vend-eríamos
2ª plural	vend-eis	vend-estes	vend-íeis	vend-êreis	vend-ereis	vend-eríeis
3ª plural	vend-em	vend-eram	vend-iam	vend-eram	vend-erão	vend-eriam

Já os *verbos irregulares* são aqueles que não funcionam assim de forma tão "padronizada". Eles sofrem modificações quando são conjugados. Há dois grupos básicos de verbos irregulares: com *fraca irregularidade* e com *forte irregularidade*.

Os verbos com fraca irregularidade apresentam pequenas mudanças na forma de ser conjugados, como, por exemplo, o verbo "ouvir", que é da terceira conjugação: en-

> Agora, peça que seus alunos experimentem trocar o radical "vend-" por esses outros: "dev-" (verbo "dever"), "perceb-" (verbo "perceber") ou "com-" (verbo "comer"). Mostre a eles como esses radicais funcionam perfeitamente, sem nenhuma modificação, com todas as desinências. Por isso são chamados de "regulares", porque seguem as regras ("regular" vem de "regra") da conjugação a que pertencem. Todas as conjugações do português têm seu conjunto de verbos regulares.

quanto um verbo regular, como o verbo "partir", seria "eu parto/tu partes", o verbo "ouvir" fica "eu ouço/tu ouves", ao invés de "*eu ouvo" (que seria uma forma regular sem mudanças no radical, mas que não ocorre na língua). Mas, depois, ele "entra nos eixos" em diversas outras formas: "ouve, ouvimos, ouvis etc.". É uma pequena irregularidade diante de tantas terminações possíveis.

Já os verbos com forte irregularidade podem:

a. ter alterações de radical (a gramática tradicional chama esses verbos de *anômalos*. Para uma terminologia mais funcional e menos complicada, podemos chamar apenas de "verbos com irregularidade no radical"), como é o caso do verbo "ir" ("vou", "fui", "irei" etc.) e do verbo "ser" ("sou", "era", "fui" etc.);
b. não ter todas as formas de um verbo regular. É o caso de verbos como *trovejar, chover* e *latir* que, em uso costumeiro, só têm as formas da terceira pessoa ("troveja"/"trovejam"; "chove"/"chovem"; "late"/"latem"). Mas é claro que, usando sentidos especiais – *sentidos figurativos*, por exemplo – podemos dizer que "nós chovemos no molhado" e que "tu trovejas demais". Mas isso em sentido figurado, em que os verbos assumem uma liberdade morfológica que vai além do bê-á-bá da gramática costumeira.

Bem, a título de informação, a gramática tradicional chama esses verbos de "defectivos", como se eles tivessem algum "defeito de fábrica". Na verdade, não é defeito algum: apenas o sentido deles é que define que eles não se aplicam a todas as pessoas gramaticais. Então, podem ser chamados apenas de verbos de "conjugação incompleta".

Mais adiante apresento exemplos completos de conjugação de verbos regulares das quatro conjugações e de verbos irregulares que você poderá usar com seus alunos para exercícios práticos. Por ora, apenas dê um pulinho lá e veja como o material é apresentado para já ir pensando em como usá-lo depois (subseções "Exemplos de conjugação de verbos regulares" e "Exemplos de conjugação de verbos de uso comum e com forte irregularidade: *ser, ver, vir, ir, haver* e *rir*").

A ESTRUTURA INTERNA DOS VERBOS

Uma vez que os verbos precisam se flexionar:

1. em tempo, para indicar a ocorrência dos eventos de forma bem estabelecida na *linha do tempo*; e
2. em número e pessoa, para concordar com o sujeito (quando este existe na frase),

o verbo tem um conjunto bem complexo de formas que o compõem, especialmente, de desinências. Vamos ver, aqui, um a um, os sentidos e funções dessas formas.

A desinência de infinitivo

A desinência do infinitivo ocorre no chamado "nome do verbo", ou seja, o *infinitivo impessoal*. É esse "r" final que marca justamente o fato de a palavra estar funcionando como o "nome do verbo":

> O infinitivo impessoal é uma das chamadas *formas nominais* do verbo. As formas nominais são utilizadas, normalmente, na posição de verbos principais das locuções (*infinitivo impessoal*: vou <u>cantar</u>; *particípio*: tinha <u>cantado</u>; *gerúndio*: estou <u>cantando</u>).

- canta-*r*
- bebe-*r*
- parti-*r*
- compo-*r*

Algo importante e interessante de explicar a seus alunos: por que essa forma se chama infinitivo? Porque ela funciona em qualquer ponto da linha do tempo, ou seja, no infinito. "Cortar" é "cortar" em qualquer época e "cantar" é "cantar" em qualquer época. Daí a ideia de *infinitivo*.

A vogal temática verbal e as conjugações

A vogal temática de um verbo indica *qual é a conjugação a que esse verbo pertence* e, portanto, em qual padrão ele é flexionado. Ou seja, ela serve para indicar qual é o conjunto de terminações (de desinências) que devemos utilizar ao flexionar um verbo. No português brasileiro são quatro as vogais temáticas verbais: "a", "e", "i" e "o", formando, portanto, quatro conjugações que são chamadas pelos sugestivos nomes de *primeira* (vogal temática "a"), *segunda* ("e"), *terceira* ("i") e *quarta* ("o"):

- cant-*a*-r
- beb-*e*-r
- part-*i*-r
- p-*ô*-r

Porém, as gramáticas tradicionais insistem em dizer que só temos três conjugações no português brasileiro. Para justificar isso ela recorre – como sempre! – ao latim.

> Bem, a primeira coisa com que temos que acabar é com essa verdadeira mania de ficar dizendo – e acreditando – que o português é uma deformação do latim. Isso não tem fundamento científico algum! Outra coisa com que temos que parar urgentemente é com essa ideia tola de "pureza". Que pureza? O próprio latim, conforme nos mostra Huber (1933), já era o resultado de uma mistura de seis ou mais línguas. Nem o latim era "puro" e, muito menos, era uma língua sagrada ou a língua falada por Deus, como muitos chegaram a defender. Basta disso em nossas escolas! Outra tolice que se ouve por aí é que precisamos "preservar a pureza de nossa língua e de nossa gramática". Isso não passa de conversa infantil. O português brasileiro que falamos hoje é o resultado da mistura de, mais ou menos, duzentas línguas! Isso mesmo: mistura de, mais ou menos, duzentas línguas, entre línguas asiáticas, europeias, africanas e ameríndias. De que mesmo estamos falando quando falamos de pureza?

POR QUE TEMOS QUATRO CONJUGAÇÕES VERBAIS NO PORTUGUÊS E NÃO TRÊS, COMO É COMUM SE OUVIR DIZER?

Em primeiro lugar, precisamos nos conscientizar de que, em um estudo científico de uma língua como o português, não podemos desconsiderar, fechar os olhos ou fingir que não existe um grande conjunto de verbos terminados em "-or" que têm sido tomados (apenas por questões de tradição gramatical) como meros derivados do verbo *pôr* (e este tratado como derivado de *ponere, poner ou poer*, dependendo do autor), como os verbos: *antepor, decompor, indispor, predispor, repor, apor, depor, justapor, pressupor, supor, compor, expor, opor, propor, transpor*, entre tantos outros. Se isso é a "tradição", a crença corrente, então devemos analisar com mais calma os argumentos desses gramáticos.

Muitos gramáticos ainda incluem tais verbos na segunda conjugação alegando três razões principais:

a. sua etimologia, ou seja, a forma "original" do verbo, que seria uma justificativa para esquecer como a palavra é hoje e enxergar um "e" onde existe um "o";
b. a ocorrência da vogal temática "-e" em algumas das formas flexionadas de alguns tempos;
c. a desculpa de que todos seriam, na verdade, apenas um, o verbo "pôr", que tem formas derivadas.

Entretanto, devemos levar em conta outros aspectos que contra-argumentam com essas justificativas anteriores, a saber:

a. A vogal temática de um verbo no português brasileiro é definida, como vimos, na forma do infinitivo impessoal. Os próprios gramáticos tradicionalistas dizem isso. A gente retira a desinência do infinitivo e a vogal temática vem em seguida, como nos exemplos a seguir, em que destaco também o radical:
   • andar → *and* + -*a* + -*r*
   • vender → *vend* + -*e* + -*r*
   • partir → *part* + -*i* + -*r*

Então, por analogia (e sem preocupações comprometidas ideologicamente com latinismos), temos:

- pôr → p + -$\hat{\underline{o}}$ + -r
- repor → rep + -$\underline{o}$ + -r
- compor → $comp$ + -$\underline{o}$ + -r
- transpor → $transp$ + -$\underline{o}$ + -r
- expor → exp + -$\underline{o}$ + -r

o que estabeleceria, obviamente e por si só, uma quarta conjugação com vogal temática "o". Mas há mais argumentos a considerar.

b. Resquícios etimológicos, ou seja, restos de palavras antigas que sobram em palavras atuais são comuns nas línguas modernas. Isso não tem nada a ver com o fato de que a palavra atual é como é, nem impede qualquer nova classificação. Vejamos as palavras seguintes:
   - herbívoro → presença do radical latino *herb-*, em vez do radical brasileiro *erv-*;
   - pictórico → presença do radical latino *pict-*, em vez do radical brasileiro *pint-*;
   - neurológico → presença do radical grego *neur-*, em vez do radical brasileiro *nerv-;*
   - patriarca → presença do radical latino *pat-*, em vez do radical brasileiro *pai-.*

Isso ocorre em centenas de outros exemplos do português brasileiro. Se isso acontece nessas palavras, é natural que ocorra também em palavras verbais. Ou seja, se palavras de todos os tipos podem manter resquícios de palavras antigas, por que os verbos não podem manter resquícios de sua forma latina? Afinal, qual é o impedimento de ver que há um conjunto de verbos com vogal temática "o"? Apenas porque ocorrem resquícios de palavras antigas em alguns tempos e algumas pessoas desses verbos? Não vejo como isso possa ser um impedimento verdadeiro para considerar a quarta conjugação.

c. Os sentidos de "pôr" em cada uma das palavras verbais que compõem o conjunto de verbos da quarta conjugação são muito distintos hoje em dia. Mesmo para um falante nativo, não há como fazer uma relação direta de significação entre todos os verbos desse conjunto como se todos fossem apenas o mesmo verbo (o verbo *pôr*, que tem sentido próximo ao de "colocar"). Veja que esses verbos têm até derivações particulares que permitem criar outras palavras com sentidos muito diferentes, como:

- pôr → posição
- compor → composição
- supor → suposição
- repor → reposição

Quando perguntamos aos falantes de nossa língua se existe alguma relação de sentido entre os verbos em frases como

a. Preciso <u>transpor</u> essa dificuldade ainda hoje.
b. Minha vontade era de <u>compor</u> uma música.
c. João vai ter que <u>repor</u> o dinheiro que roubou.

ou se perguntamos a eles se acham que todos esses verbos têm o sentido original do verbo "pôr" (parecido com "colocar"), eles dizem que nem uma coisa, nem outra. Ou seja, a consciência dos falantes comprova que são realmente verbos diferentes.

Além disso, esse critério da *quantidade* não funcionava nem para o latim. A quinta declinação latina, por exemplo, era composta de muito poucas palavras, sendo que apenas duas delas ("dies" e "res") funcionavam plenamente. Além disso, certos numerais, como "unus", também tinham formas próprias de declinação. Ou seja, até no latim havia declinações específicas para conjuntos com muito poucas palavras. Isso acontece, entre outras razões, porque as línguas não estão preocupadas com o número de palavras que compõem um padrão ou uma categoria gramatical e simplesmente não estabelecem qualquer restrição quanto a isso. A preocupação das línguas é apenas com seu funcionamento pleno.

> Em latim, a estrutura gramatical era muito diferente da que usamos em nossa língua. As palavras eram classificadas em grupos chamados de *declinações*, que apresentavam terminações específicas para cada função que a palavra exercia na frase. Por exemplo, se a palavra estivesse funcionando como sujeito, a terminação era uma; se estivesse funcionando como adjunto, a terminação era outra, e assim por diante. Cada "declinação" apresentava um conjunto específico de terminações. Porém havia declinações com muitas palavras e outras com muito poucas, como era o caso da quinta.

E se os gramáticos tradicionalistas gostam tanto assim do latim, deveriam defender a quarta conjugação verbal no português, pois aquela língua também tinha quatro conjugações (com verbos terminados, no infinitivo, em *-âre, -êre, -ere e -ire*).

d. Finalmente, devemos ver que há diferenças marcantes entre as desinências utilizadas com os verbos da segunda conjugação (terminados em "-er") e as utilizadas pelos verbos terminados em "-or". Se a gente usar as próprias informações que aparecem nas gramáticas normativas para montar um quadro comparativo entre as desinências regulares de verbos terminados em "er" e de verbos terminados em "or", vamos ver que, até na maneira tradicional de conjugar os verbos, eles são muito diferentes.

Observe e compare cuidadosamente estes exemplos de verbos de segunda e de quarta conjugações, no modo indicativo, em que aparecem os radicais separados das terminações dos verbos a seguir:

Segunda conjugação

tempo → pessoa ↓	presente	passado perfeito	passado imperfeito	passado mais-que-perfeito	futuro do presente	futuro do passado
1ª singular	vend-o	vend-i	vend-ia	vend-era	vend-erei	vend-eria
2ª singular	vend-es	vend-este	vend-ias	vend-eras	vend-erás	vend-erias
3ª singular	vend-e	vend-eu	vend-ia	vend-era	vend-erá	vend-eria
1ª plural	vend-emos	vend-emos	vend-íamos	vend-êramos	vend-eremos	vend-eríamos
2ª plural	vend-eis	vend-estes	vend-íeis	vend-êreis	vend-ereis	vend-eríeis
3ª plural	vend-em	vend-eram	vend-iam	vend-eram	vend-erão	vend-eriam

Quarta conjugação

tempo → pessoa ↓	presente	passado perfeito	passado imperfeito	passado mais-que-perfeito	futuro do presente	futuro do passado
1ª singular	p-onho	p-us	p-unha	p-usera	p-orei	p-oria
2ª singular	p-ões	p-useste	p-unhas	p-useras	p-orás	p-orias
3ª singular	p-õe	p-os	p-unha	p-usera	p-orá	p-oria
1ª plural	p-omos	p-usemos	p-únhamos	p-useramos	p-oremos	p-oríamos
2ª plural	p-ondes	p-usestes	p-únheis	p-usereis	p-oreis	p-oríeis
3ª plural	p-õem	p-useram	p-unham	p-useram	p-orão	p-oriam

Ao olhar essas terminações, veja como a vogal temática, às vezes, aparece como "o", às vezes como "u" e outras, ainda, como "u(s)e" (e, assim, só nos passados *perfeito* e *mais-que-perfeito*). Pois é justamente esse "e" antigo, resquício etimológico do latim que aparece só de vez em quando, que é usado como "prova" de que o verbo é da segunda conjugação. Bem, pode até ter sido lá atrás, no tempo dos césares romanos ou em que o latim existia como língua viva, pois hoje, para nós, ele é só história e informação cultural, uma vez essa língua ainda tem alguma utilidade sociolinguística mesmo só no Vaticano. Mas nós não falamos e não estamos estudando o latim: falamos português brasileiro e estamos estudando português brasileiro. E essa não é uma questão ideológica: é um puro e objetivo recorte do objeto científico de estudo, coisa que a gente tem que aprender já quando faz o primeiro projeto de pesquisa na vida. Então, qual é a dificuldade científica de se aceitar isso?

Sabe outra justificativa tradicionalista, embora menos comum, que se dá para essas diferenças entre as terminações? Dizem que os verbos em "or" são verbos *irregulares* da segunda conjugação e, por isso, eles são diferentes. Mas, se olharmos bem, eles não são irregulares, pois todos eles funcionam da mesma forma dentro de sua conjugação. Basta trocar o radical e testar. Eles só ficam com cara de irregulares se nós negarmos a eles

Quando saímos do ambiente controlado das gramáticas normativas e entramos no uso cotidiano da língua, a coisa fica ainda mais complexa. Nos falares mais livres do português brasileiro, que não correspondem à variante de prestígio e não seguem suas pretensas normas, as pessoas já estão fazendo modificações nessas terminações padronizadas da quarta conjugação. Quando a gente presta atenção, vê pessoas usando outras terminações nesses verbos: por exemplo, você já deve ter ouvido alguém dizer "ponhei" (forma bastante comum no brasileiro coloquial). Mas garanto que nunca ouviu alguém dizer "componhei", ao invés de "compus". Creio que também já deve ter ouvido alguém dizer "ponhava" (também, muito comum), mas duvido que tenha ouvido "suponhava" ao invés de "supunha". O que isso significa do ponto de vista gramatical e objetivo da língua? Que, ao contrário do que alguns dizem, esses *verbos da 4ª conjugação* não são apenas um único verbo e suas variações, mas que eles *têm identidade e "vida" própria dentro da conjugação*, uma vez que já estão começando a surgir irregularidades entre eles. Talvez, um dia, essas irregularidades venham a ser incorporadas definitivamente na língua como irregularidades dentro da quarta conjugação que, afinal de contas, já é uma conjugação plena em português.

uma conjugação e insistirmos em enxergar uma tal vogal temática "e" onde ela não existe. Ou seja, para manter uma postura ideológica antiquada, é mais fácil acreditar em uma lista enorme de verbos irregulares dentro da segunda conjugação do que aceitar uma quarta conjugação com verbos regulares.

Muito bem: toda essa conversa aqui dentro do estudo das vogais temáticas verbais foi necessária para que você tenha mais argumentos para mostrar aos seus alunos como a quarta conjugação existe de fato em nossa língua, mesmo que isso seja negado com base em argumentos pouco científicos. Agora, podemos passar para a explicação sobre o radical, embora já tenha sido necessário falar de radical anteriormente. Vamos lá!

O radical do verbo

O radical do verbo é a *parte básica da palavra, aquela que guarda seu sentido mais próprio e essencial*. Encontramos o radical de um verbo regular a partir do infinitivo impessoal, retirando a *desinência de infinitivo* e a *vogal temática*:

- <u>cant</u>-a-r
- <u>beb</u>-e-r
- <u>part</u>-i-r
- <u>p</u>-o-r

> É importante ensinar seus alunos como isso funciona na prática. É assim: qual é o radical do verbo *deveríamos*? Pergunte a si mesmo qual é o nome (o *infinitivo impessoal*) desse verbo. É *dever*. Pegue, então, a forma *dever* e retire a desinência do infinitivo impessoal (sempre o "r" final) e a vogal temática da conjugação, que aparece ao lado do radical ("a", "e", "i" ou "o"). O que sobrar é o radical: *dev-*. Isso vale para todos os verbos regulares.
>
> Há um único verbo na língua, porém, no qual fica impossível fazer isso: o verbo "ir". Se você tirar a desinência de infinitivo e a vogal temática, não sobra nada! Nesse caso, se convencionou dizer que ele é, inteiro, o radical: "ir".

Lembre-se: nos verbos, assim como nos nomes, também é o radical que serve de suporte para a vogal temática e para as desinências, permitindo construir as diferentes formas de uma mesma palavra. E, como você já viu quando estudamos as formas usadas no português para fazer concordâncias e harmonias (subtítulo "As desinências nos verbos – a marcação de modo e de tempo no verbo: os sentidos modal e temporal"), ao radical do verbo se juntarão as desinências modo-temporal (que servem para fazer harmonia de tempo entre os verbos) e as desinências número-pessoais (que servem para fazer a concordância do verbo com o sujeito da frase, isso quando este ocorre). Então, não repetiremos aqui tudo o que vimos lá. Apenas vou repetir o quadro que mostrei naquele ponto do estudo para que você se lembre da estrutura interna de um verbo "ideal" em português:

Radical	Vogal temática verbal	Desinência modo-temporal	Desinência número-pessoal
cant	á	va	mos
dev	ê	sse	mos
part	i	ría	mos
comp	o	re	mos

AS FORMAS NOMINAIS E A QUESTÃO DO PARTICÍPIO

A tradição gramatical brasileira cita quatro formas nominais:

a. infinitivo impessoal;
b. infinitivo pessoal;
c. gerúndio;
d. particípio.

O *infinitivo impessoal* é, como vimos anteriormente, a palavra que chamamos metaforicamente de o "nome do verbo". Isso porque, quando perguntamos "que verbo é esse?", respondemos com o infinitivo impessoal "o verbo *cantar*".

Como verbo (porque já vimos que ele pode ocorrer como nome também), o infinitivo funciona sozinho ou em locuções, sempre dando uma ideia de que *estamos falando do evento em uma concepção genérica e atemporal*:

a. É bom <u>comer</u> verdura. (Infinitivo impessoal aparecendo sozinho. Note que a ideia de "comer" aqui é genérica, ampla, do ato de comer como um todo em qualquer tempo ou modo.)
b. Ele <u>vai comer</u> verdura hoje. (Infinitivo impessoal aparecendo como verbo principal da locução.)

Usado em locuções, o *infinitivo impessoal dá sensação de futuro ao sentido do verbo*.

O *infinitivo pessoal* tem um uso muito específico no português brasileiro e, por isso, só aparece em determinadas estruturas. Na prática, essas construções tradicionais com infinitivo pessoal são pouco utilizadas pelos falantes. Veja estes exemplos:

a. Isso aqui é para eu <u>fazer</u>.
b. Isso aqui é para tu <u>fazeres</u>.
c. Isso aqui é para nós <u>fazermos</u>.
d. Isso aqui é para eles <u>fazerem</u>.

Essas formas sublinhadas são o *infinitivo pessoal*. São formas que nos despertam uma sensação interessante de "elegância" no falar, não é verdade? Chegam a ser um pouco pedantes... Na prática, os falantes de nossa língua têm optado pelo uso de uma forma única, que acaba sendo a mesma do *infinitivo impessoal*, em todos os casos, adaptando as estruturas e usando um pronome oblíquo como sujeito do infinitivo, o que a nossa tradição gramatical condena, como você já viu quando estudou os tipos de pronomes. Essas estruturas ficam assim:

a'. Isso aqui é para eu/mim fazer.
b'. Isso aqui é para tu/você fazer.
c'. Isso aqui é para a gente fazer.
d'. Isso aqui, eles é que vão fazer.

Ou assim (que parece ser construída justamente para "fugir" do *infinitivo pessoal*):

a". Isso aqui eu é que tenho que fazer.
b". Isso aqui é tu/você que tem que fazer.
c". Isso aqui é a gente que tem que fazer.
d". Isso aqui, eles é que têm que fazer.

E, nas regiões Norte e Centro-Oeste brasileiras, não é incomum se ouvir a seguinte forma:

a'''. Isso aqui eu é que tenho de fazer.
b'''. Isso aqui é tu/você que tem de fazer.
c'''. Isso aqui é a gente que tem de fazer.
d'''. Isso aqui, eles é que têm de fazer.

> Essas formas não tradicionais são mais aceitas nos diversos ambientes linguísticos brasileiros do que as tradicionais formas com *infinitivo pessoal* ligado a um sujeito na forma de pronome reto, mesmo que algumas sejam consideradas "erradas" por preconceito. Assim, é natural que seus alunos já dominem uma ou algumas dessas formas populares de uso. Agora, é necessário treinar a primeira, a tradicional, comparando com as outras sempre e definindo os critérios de adequação para cada uma delas, de maneira que eles conheçam todas e tenham o direito de escolher a que desejarem.

O *gerúndio* (forma verbal terminada em -ndo) é aquela que mais *nos dá a sensação de "continuidade", a ideia de um evento que se estende no tempo*. Aparece sozinho e em forma de locução verbal, especialmente no tempo "agora" do indicativo (que você verá adiante no estudo da cronologia dos tempos verbais do português):

a. Estudando é que se aprende. (Gerúndio usado sozinho)
b. Estou estudando para passar no concurso. (Gerúndio usado na composição do *agora do indicativo*)

Perceba que, nos dois exemplos, é o uso do *gerúndio* que passa a ideia de que a ação de estudar se estende por um certo período na linha do tempo, ou seja, a ação é *durativa*. No primeiro exemplo, a ação é *atemporal*, isto é, pode se referir a qualquer momento na linha do tempo, mas, mesmo assim, tem que durar, pelo menos, um pouco. No segundo exemplo, a ação é bem localizada no *agora*, mas também tem essa noção de duração.

Finalmente, chegamos ao *particípio*. O *particípio* é objeto de uma enorme confusão histórica por parte dos gramáticos tradicionalistas que trabalham com o português. Em frases como estas:

a. João foi <u>mordido</u> pelo cachorro.
b. Maria foi <u>mordida</u> pelo cachorro.

os gramáticos dizem que "mordido"/"mordida" são *particípios* do verbo morder. Isso é um grave equívoco e vem de uma "tradição" latina mal assimilada por esses estudiosos, o que eu explico longamente em outra obra.[8] Aqui, já vimos que não existem verbos na nossa língua com traços de gênero. O gênero é privativo das palavras nominais. É claro, nos exemplos dados, que mordido/mordida estão no masculino (concordando com "João") e no feminino (concordando com "Maria"), respectivamente. Não podem ser verbos, portanto.

O *particípio* não ocorre sozinho no português, ele só ocorre em locuções verbais que não podem ser construídas com verbos de ligação. Por referir-se a algo concluído, terminado, o particípio *nos passa a sensação de passado*. Observe os exemplos a seguir em que ocorrem *particípios* ou adjetivos parecidos com *particípios*:

a. João <u>tinha comido</u> todo o doce.
b. João e Maria <u>tinham comido</u> todo o doce.
c. A mãe deles <u>havia proibido</u> a gula em casa.
d. A mãe e o pai deles <u>haviam proibido</u> a gula em casa.
e. João <u>está proibido</u> de ser guloso.
f. Maria <u>foi proibida</u> de ser gulosa.
g. João e Maria <u>estavam proibidos</u> de ser gulosos.

Repare que, nos quatro primeiros exemplos – "tinha comido", "tinham comido", "havia proibido", haviam proibido" –, ocorrem *locuções verbais*

146 Morfologia para a educação básica

de fato. O verbo auxiliar se flexiona de acordo com o sujeito, mas o verbo principal, no *particípio*, não muda, sem se importar se o sujeito é masculino ou feminino, singular ou plural.

Já nos três últimos exemplos – "está" e "proibido", "foi" e "proibida" –, "estavam" e "proibidos" não formam locuções verbais. Na verdade, temos, em cada caso, um verbo simples (de ligação: "está", "foi", "estavam") e um adjetivo que concorda com o sujeito em função do gênero e do número. Apenas adjetivos: não são casos de particípio!

Assim, como havia adiantado há pouco, podemos constatar que *não ocorre, em nossa língua, locução verbal com verbo de ligação + particípio, mas apenas com outros verbos transitivos ou intransitivos*. Nesses casos, é simples fazer o teste: independentemente do sujeito do verbo, se for mesmo um *particípio*, não haverá nunca variação de gênero (um *particípio* verdadeiro nunca vai para o masculino ou para o feminino) nem de número (um *particípio* verdadeiro nunca vai para plural).

A QUESTÃO DA VOZ NO VERBO DO PB

Outra confusão histórica que se faz em relação aos verbos do português é referente à voz. Na verdade, o português brasileiro não tem variação morfológica de voz, muito menos ocorre a voz passiva com marcação morfológica própria. Temos apenas uma forma que serve para tradução de línguas que tenham passivas reais, ou seja, uma forma sintática que faz as vezes da voz passiva de outras línguas, sem ser uma "voz" verbal marcada morfologicamente. Vamos explicar isso com mais calma.

Em nossa língua, não há marcas morfológicas nem construções locucionadas de verbos para indicar mudanças da voz verbal (ativa, passiva etc.), embora as gramáticas tradicionais do português tragam capítulos sobre a voz passiva. Esse tipo de estrutura chamada de "passiva" nas gramáticas normativas o é com base no que se pensa ser o sentido da "voz passiva" do verbo. Isso porque existe a crença de que o português brasileiro tem uma "voz passiva" para os verbos, como a apresentava o latim. Quando analisamos isso com mais calma, vemos que não é bem assim.

Para que um verbo seja morfologicamente expresso em uma voz específica (a passiva, por exemplo), deve haver alguma forma específica, por exemplo, uma desinência ou afixo para expressar isso. No mínimo, poderíamos esperar alguma marcação/convenção específica predefinida na língua (como ocorre com a marcação de pessoa nos nomes do português), ou até mesmo, em último caso, uma construção verbal locucionada, que permita que ele seja identificado *em sua forma* como passivo, ou a adjunção de alguma partícula gramatical dependente que indique a condição de verbo na voz passiva. O português não tem nada disso. Porém, no latim, essa marcação era morfológica e/ou por locução com o verbo ser (a locução com o verbo ser era possível no latim em função de uma morfologia diferente da do português naquela língua). Veja como isso funcionava tomando como exemplo o verbo *ler* (*legere*). Observe como a morfologia da forma ativa é claramente diferente daquela que aparece na forma passiva:

Tempo	Voz ativa (indicativo)	Voz passiva (indicativo)
Presente	*lego (leio)*	*legor (sou lido)*
Imperfeito	*legebam (lia)*	*legebar (era lido)*
Perfeito	*legi (li)*	*lectus sum (fui lido)*
Mais-que-perfeito	*legeram (lera)*	*lectus eram (fora lido)*
Futuro 1º	*legam (lerei)*	*legar (serei lido)*
Futuro 2º	*legero (terei lido)*	*lectus ero (terei sido lido)*

Infinitivo	*legere (ler)*	*legi (ser lido)*
Particípio	*legens (lido)*	*lectus (lido)*
Gerúndio	*legendo (lendo)*	—

Como disse há pouco, no português brasileiro, não há nada parecido com isso. Não há formas verbais específicas que comportem morfemas capazes de diferenciar verbos "passivos" de "ativos". E a locução com o verbo "ser" não ocorre nesses casos, pois o verbo "ser", normalmente, pede um adjetivo como complemento. Se tomarmos outra língua como parâmetro, por exemplo, uma língua viva e atual como o inglês, encontraremos construções na forma de *locuções verbais* para construir as formas passivas (no inglês, é a chamada *passive voice*). Veja a diferença das estruturas ativas para as passivas. Vamos tomar aqui o verbo "pintar" apenas na 3ª pessoa singular, na forma afirmativa (como em "*João pinta a casa*"/"*John paints the house*"):

Tempo	Voz ativa (indicativo)	Voz passiva (indicativo)
Simple Present	*paints (pinta)*	*is painted (é pintado)*
Present Progressive	*is painting (está pintando)*	*is being painting (está sendo pintado)*
Simple Past	*painted (pintou)*	*was painted (foi pintado)*
Past Progressive	*was painting (estava pintando)*	*was being painted (estava sendo pintado)*
Simple Future	*will paint (pintará)*	*will be paint (será pintado)*
Presente Perfect	*has painted (tem pintado)*	*has been painted (tem sido pintado)*
Past Perfect	*had painted (tinha pintado)*	*had been painted (tinha sido pintado)*
Future Perfect	*will have painted (terá pintado)*	*will have been painted (terá sido pintado)*

Mais uma vez, temos diferenças nas formas verbais que, no inglês, aparecem com locuções usando o verbo "*to be*" (ser/estar) e formas verbais em *gerúndio* e *particípio*. No inglês, a morfologia da língua permite a locução do verbo *ser* com o particípio real, pois a flexão de gênero no adjetivo inexiste. Porém, como sabemos, isso também não acontece no português brasileiro.

Então, o que acontece em nossa língua? O que se tem chamado de voz passiva, erroneamente, é o uso do verbo "ser" seguido de um adjetivo. Mas, como já sabemos, gramaticalmente, não há possibilidade de chamarmos isso de locução verbal, pois os adjetivos são marcados em gênero e os verbos nunca são marcados em gênero no português. Isso faz parte da tematização dessas palavras e quebrar essa regra seria alterar profundamente a morfologia da língua. Já vimos como isso é simples: *palavras nominais têm, como sua principal marca, o gênero; palavras verbais, o tempo*.

Nas estruturas que usamos para traduzir as passivas de outras línguas temos uma construção do tipo "*Maria foi assaltada*"/ "*João foi assaltado*", em que é mais do que evidente que as palavras "*assaltada*" e "*assaltado*" não são verbos mas adjetivos (palavras nominais, inclusive com desinência de gênero) e em que o verbo "*ser*" (*foi*) está na única "voz" possível na língua, a ativa: "*Maria foi bonita*"/"*Maria foi mordida*"/"*Maria foi a Miss Brasil 1950*". Ou seja, embora essa construção de *verbo ser* + *adjetivo* seja a maneira que nossa língua utiliza

> Atenção: é muito importante, verdadeiramente essencial em uma descrição linguística, distinguir uma "forma de tradução" (quando usamos os recursos próprios de uma língua para traduzir o sentido que aparece em outra língua, o que nem sempre implica equivalência de formas gramaticais) de uma "forma gramatical" específica da língua (aquela que faz parte da estrutura da língua com características gramaticais que justifiquem uma identificação e uma classificação dessa forma como algo diferente das demais formas gramaticais dessa mesma língua).

para traduzir as passivas de outras línguas que tenham uma voz passiva com marcas gramaticais, isso não significa que essa seja realmente uma forma verbal passiva, pois nem uma forma verbal ela é.

Vejamos, agora, a combinação de verbos e pronomes.

PRONOMES LIGADOS A VERBOS – OS VERBOS CHAMADOS DE "REFLEXIVOS"

Como já vimos na parte sobre pronomes, existem algumas formas verbais que são chamadas tradicionalmente de reflexivas (alguns chamam isso de "voz", mas não é um caso de marcação de voz, como acabamos de ver) em que se coloca um pronome ligado ao verbo para dizer que o evento desencadeado pelo verbo recai sobre o próprio sujeito. São estruturas como:

- João <u>feriu-se</u>.
- Eu <u>me machuquei</u>.
- Eles <u>se perderam</u> no mato.

Como você viu, esses pronomes não são morfologicamente "reflexivos", mas pronomes oblíquos comuns cujo semantismo – acrescido do semantismo do verbo – tem justificado o uso de um rótulo diferente e desnecessário em construções desse tipo. A única diferença aí é no sentido de que a ação do verbo recai sobre o próprio agente. Mas reafirmo: isso não é morfológico, é semântico.

Mais uma vez, a prática popular é bem diferente da norma ditada. Vejamos uma comparação no quadro abaixo:

Pessoa/ número	Forma tradicional	Forma mais aceita no Brasil	Formas localizadas em determinados falares
1ª singular = eu	cortei-me	me cortei	se cortei
2ª singular = tu/ você	cortaste-te	se cortou	se cortou
3ª singular = ele	cortou-se	se cortou	se cortou
1ª plural = nós/ a gente	cortamo-nos	nos cortamos a gente se cortou	se cortamo(s) a gente se cortou
2ª plural = vós/ vocês	cortastes-vos	se cortaram	se cortou/ se cortaram(ro)
3ª plural = eles	cortaram-se	se cortaram	se cortaram

Conseguiu identificar no quadro qual a combinação que você utiliza no dia a dia? Essa é uma ótima atividade para reflexão por parte de seus alunos. Afinal, eles precisam conhecer todas e dominar a mais adequada para cada situação. Isso pode protegê-los de ocorrências de preconceito linguístico. Então, sobre isso, discuta com eles:

> Veja que coisa interessante: na forma tradicional, a quantidade de formas é maior (*me, te, se, nos, vos*). Na forma mais aceita como "suficientemente correta" até na variante de prestígio, temos as marcações nas primeiras pessoas (*me* e *nos*) e nas demais ocorre sempre o "se" como reflexivo, especialmente porque é comum que o *tu* e o *vós* sejam substituídos, respectivamente por *você* e *vocês*. Nas formas dos falares mais localizados e informais, os ditos "falares populares", apenas o "se" resolve todos os casos de "reflexão". Bem econômico e funcional, especialmente se compararmos com uma língua como o inglês, que também só tem uma forma reflexiva (*self*) a ser combinada em todos os casos.

a. Qual seria o melhor formato de "reflexivos" para uma entrevista de candidatura a uma bolsa de mestrado ou em um documento formal por escrito?

b. Eles poderiam explicar as diferenças e as funções de cada uso que aparece no quadro anterior? Poderiam explicar por que não devemos ser preconceituosos em relação a isso?

Que tal treinar com seus alunos esses usos em diferentes tipos de textos e com diferentes objetivos. Por exemplo, eles poderiam pensar nos usos pronominais:

1. no seu discurso de formatura;
2. em uma reunião com seus amigos para fazer um trabalho escolar;
3. em sua casa ao conversar com os pais ou irmãos.

Quais seriam as diferenças entre esses três ambientes?

Assim, terminamos os conteúdos relativos à estrutura interna dos verbos. Se seus alunos dominarem esses conteúdos, já estará muito bom! Então, vamos ao nosso resumo sobre o tema?

- Verbos, no português, são as palavras que se flexionam em tempo.
- Verbos nunca são marcados em gênero (masculino ou feminino).
- Existem verbos simples, compostos (locuções verbais) e expressões verbais.
- Nas locuções verbais, apenas o verbo auxiliar se flexiona, pois o verbo principal sempre está em uma forma nominal (infinitivo, particípio ou gerúndio) e, assim, não muda de formato.
- Para encontrar o radical de um verbo basta pegar o infinitivo impessoal e tirar a desinência de infinitivo ("r"), e a vogal temática correspondente da conjugação ("a", "e", "i" ou "o"). Por exemplo: _vend-e-r_. Isso não se aplica apenas ao verbo "ir".
- Ao radical do verbo podem se juntar: vogal temática, desinência modo-temporal e desinência número-pessoal para formar a palavra verbal.
- À palavra verbal já formada podem se juntar pronomes oblíquos.
- O português tem quatro conjugações verbais e não três, como dita a tradição gramatical.
- O português não tem formas morfológicas específicas para voz do verbo. Temos apenas uma forma de tradução que usamos quando traduzimos a voz passiva de outras línguas.
- Os verbos que são tradicionalmente chamados de "reflexivos" são, na verdade, apenas uma palavra verbal com o acréscimo de um pronome oblíquo comum.

Agora, começaremos a apresentar os tempos verbais que temos em nossa língua, por que eles são como são, qual a finalidade de cada um e como os usamos na nossa linguagem de cada dia. Para mim, é a parte mais divertida e mais bonita do estudo dos verbos.

CRONOLOGIA VERBAL NO PB

Quando falamos de _cronologia verbal,_ estamos falando da harmonia e da disposição (da localização harmônica) dos tempos verbais na _linha imaginária do tempo_ que idealizamos em nossa cultura. Vemos por que cada tempo é do jeito que é, o que cada tempo expressa em relação ao seu *sentido temporal* e como os tempos verbais de uma língua se harmonizam, ou seja, como eles funcionam um em relação ao outro. É um estudo muito interessante e mostra muito bem a relação entre a língua e a cultura. Mas, primeiro, precisamos de alguns conceitos básicos.

Conceitos básicos: tempo e harmonia temporal

Todo estudo científico precisa ser alicerçado em alguns conceitos básicos que exprimem a nossa visão daquilo que estudamos. Não dá para começar um bom estudo sobre uma língua, por exemplo, se a gente não tiver, pelo menos, uma ideia do que seja uma língua e de como se estuda um objeto dessa natureza. Isso é assim mesmo que se mude esse conceito ao longo do estudo, mesmo que nossa visão sobre o objeto acabe evoluindo – o que, aliás, é muito bom e natural em ciência. Então, aqui, também precisaremos de alguns conceitos bem básicos antes de começar a ver o que cada tempo expressa e como cada um deles funciona.

O TEMPO – PRESENTE, PASSADO E FUTURO

O que é o *tempo*? Ótima pergunta essa! E é ótima justamente porque é muito difícil de ser respondida. A primeira coisa que precisamos entender é, justamente, que não há uma resposta única e definitiva para o que o *tempo* seja. Cada ciência – e, às vezes, as várias vertentes de uma mesma ciência –, cada crença, cada cultura, enfim, cada maneira de ver esse objeto define o tempo de um jeito distinto, umas mais próximas da nossa forma de pensar, outras bem diferentes.

Em nossa cultura ocidental moderna, baseada, em muitos aspectos, na visão judaica do mundo, o tempo tem a ver com o conceito de *sucessão*, de encadeamento de eventos que ocorrem uns depois dos outros. E, como baseamos nossa ideia de tempo na sucessão dos eventos, observamos esses eventos e percebemos que eles têm uma *duração*: uns são mais rápidos e *pontuais*, outros são mais longos e *durativos*. Uma outra consequência de enxergar o tempo como uma sucessão é que fica bem natural representar o tempo com uma linha, a linha imaginária (e que pode ser desenhada) a que chamamos de *linha do tempo*.

Quando se enxerga o tempo como uma linha, acaba-se achando que nós sempre estamos no "agora", junto com aquilo que está acontecendo. A isso costumamos chamar popularmente de *presente*, embora o "agora" e o "presente" sejam espaços temporais diferentes, como veremos adiante. Também, achamos que aquilo que aconteceu não volta mais: ao que já aconteceu ou, mais propriamente, ao período das coisas que já aconteceram chamamos genericamente de *passado*. Finalmente, quando olhamos para a linha do tempo, achamos que aquilo que não aconteceu ainda nós ainda não experimentamos e só vai poder ser

> Naquele dilema entre usar a terminologia tradicional ou uma terminologia mais significativa, sobre a qual já falei em outras seções, esbarramos novamente aqui em relação a "passado" ou "pretérito". Na verdade, pretérito é uma palavra tão pretérita e tão sem sentido para a maioria de nossos alunos que sempre preferi falar de passado e mantenho essa escolha aqui. É claro que isso depende de suas escolhas na sala de aula, mas, neste livro, falo de "passado perfeito" ou de "passado imperfeito" ao invés de "pretérito perfeito" e "pretérito imperfeito", por exemplo. Pode parecer uma besteira, mas a experiência tem mostrado que isso faz uma enorme diferença para nossos alunos, especialmente para os menores.

conhecido quando acontecer. A esse período que ainda não chegou nossa cultura dá o nome de *futuro*.

Porém, no estudo da gramática do português, precisamos afinar um pouco esses conceitos de "passado" e de "futuro". Em nossa gramática, *passado é tudo o que está para trás (para a esquerda, na linha imaginária) de um determinado ponto na linha do tempo*, mesmo que esse ponto não seja o presente. Justamente por isso é que nossa língua consegue ter um passado no futuro, ou seja, um passado em relação a um ponto lá no futuro. Da mesma forma, *futuro é tudo o que está para a frente (para a direita, na linha imaginária) de um determinado ponto na linha do tempo*, mesmo que esse ponto não seja o presente. Também é por isso que conseguimos ter um futuro do passado na língua, ou seja, um tempo que fica para a frente de um ponto lá no passado. Essa concepção é mais afinada com a cronologia gramatical que aparece em português.

Viu quantas ideias importantes temos aqui?

Complicou? Então vamos pensar mais concretamente por meio de exemplos. Pense no ano em que estamos e no ano em que ocorreu a abolição da escravatura no Brasil, ou seja, em 1888. A República não tinha sido proclamada ainda, o que aconteceria em 1889. Então, em relação a nós, hoje, a Proclamação da República é passado, mas em relação à abolição da escravatura, a Proclamação da República é futuro. Ou seja, um mesmo ponto definido no tempo (1889) é passado em relação a um ponto posterior (hoje), mas é futuro em relação a um ponto anterior (1988). A cronologia do português funciona com essa ideia de pontos de referência localizáveis em quaisquer posições da linha do tempo e não apenas tomando o "agora" como referência.

Tempo = *se dá a perceber pela sucessão de eventos*
Evento = *tudo o que acontece no tempo*
Eventos pontuais = *ocupam pouquíssimo espaço no tempo*
Eventos durativos = *ocupam mais espaço no tempo*
Linha do tempo = *representação que consideramos mais natural para uma sucessão de eventos*
Presente = *nosso momento atual*
Passado = *tudo o que está "para trás" do presente*
Futuro = *tudo o que está para "a frente" do presente*

Todas essas ideias serão importantes em nosso estudo dos verbos. Não esqueça delas! Mas vamos continuar.

A linha do tempo com que trabalhamos em nossa cultura, como uma representação simbólica do próprio tempo, é orientada da *esquerda* (onde imaginamos o passado) para a *direita* (onde imaginamos o futuro). Porém, mesmo na nossa cultura, a linha do tempo não é igual para todos. Para uns, o tempo não tem começo e nem fim. Segundo essa ideia, há eternidade para o passado e eternidade para o futuro. Em uma visão como essa, o tempo será representado assim:

As "pontas de seta" na linha indicam continuidade, movimento para a eternidade, tanto para a esquerda quanto para a direita. Essa é a representação do tempo que mais comumente se adota em nosso país e aquela que vou adotar neste livro.

Porém, algumas visões imaginam um começo para o tempo junto com um começo para o universo, mas não imaginam seu fim (pelo menos, ainda não). Nesse caso, a linha do tempo teria que ser assim:

Em algumas culturas, porém, o tempo não é visto como uma linha, mas como uma sucessão de *ciclos*. É o caso, por exemplo, da cultura maia e da cultura hopi. Em uma cultura como essas, o tempo é visto como algo que se repete indefinidamente. Os calendários maias, por exemplo, não eram lineares como os nossos, mas circulares e baseados em diversos padrões cíclicos. Para um maia, a melhor representação do tempo seria uma linha circular:

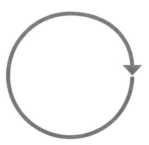

Em uma visão de tempo como a dos maias, o final de um ciclo coincide com o início de outro e, dessa forma, as coisas acabam sempre voltando e se repetindo (o que é bem diferente do que nós pensamos sobre o passado), e o futuro é só a repetição de algo que já aconteceu antes (o que também é bem estranho aos nossos olhos).

156 Morfologia para a educação básica

Uma vez que já combinamos como vamos conceituar o *tempo*, o *presente*, o *passado* e o *futuro* aqui, podemos passar ao que seus alunos precisam para entender os tempos verbais.

HARMONIA TEMPORAL

O último conceito de que precisamos tratar para compreender os tempos verbais do português brasileiro é o de *harmonia dos tempos verbais*. É um conceito simples, mas importante. A harmonia temporal dos verbos é a *dependência que um tempo têm em relação a outro*, ou seja, seu funcionamento conjunto para garantir o sentido adequado do que dizemos. Observe este exemplo com os verbos *poder* e *fazer*:

Quando dizemos "se eu pudesse", esse tempo já puxa outro automaticamente: "eu ia fazer". A harmonia mais comum em nossa língua ficaria, por exemplo, assim:

- Se eu <u>pudesse</u> eu <u>ia fazer</u>[9] uma reforma na minha casa.

O primeiro tempo verbal usado (tivesse) é o *passado imperfeito do subjuntivo*, e o segundo é o *futuro do passado do indicativo*. Esses dois tempos trabalham quase sempre em harmonia. Um puxa o outro, ou seja, um é *harmônico* ao outro. À medida que formos estudando tempo a tempo, você verá os demais casos de harmonia temporal em nossa língua.

Agora, com esses conceitos definidos, podemos começar a estudar cada um dos tempos que usamos todos os dias, mas que nem sempre compreendemos. Para estudar os tempos, porém, precisamos conhecer os *sentidos modais* possíveis em português.

Modo indicativo

O *sentido modal* do indicativo é o de expressar eventos que se consideram como "reais", "certos de acontecer", "sem dúvida", mesmo que estejam no futuro e ainda não tenham acontecido. São coisas que a gente tem "certeza" (ou quase...) que aconteceram ou vão acontecer. Esse sentido modal se repete em todos os tempos desse modo e, assim, não vou repetir isso em cada tempo que vamos estudar.

A partir de agora vamos conhecer os *sentidos temporais* de cada um dos tempos do indicativo, pois são eles que nos dizem como e quando usar cada um desses tempos verbais.

O AGORA

O *agora* é um dos tempos verbais mais importantes de nossa língua e, por incrível que pareça, as gramáticas tradicionais o ignoram e sequer o citam, nem com outro nome. O *agora* se refere às ações que

Cada um dos dois modos verbais do português tem um *sentido modal*, que é a maneira geral como os eventos representados nesse modo são vistos pela cultura.

Por sua vez, cada tempo verbal expressa um *sentido temporal*, que marca o evento na linha do tempo, seja de forma pontual ou durativa, e que, sendo específico desse tempo, determina se ele é ou não adequado para expressar o que queremos em determinada situação.

Ou seja: em português, toda palavra que esteja funcionando como um verbo expressa, pelo menos, três sentidos fundamentais que se inter-relacionam:

a. seu sentido próprio lexical;
b. um sentido modal; e
c. um sentido temporal.

Um exemplo: "caminhei"

a. sentido lexical – a ideia de caminhar, de andar, de percorrer um espaço a pé. Esse sentido é relacionado ao radical do verbo;
b. sentido modal – a sensação de "certeza" que esse verbo passa, de algo que realmente aconteceu. Esse sentido é relacionado à desinência modo-temporal do verbo;
c. sentido temporal – a localização pontual desse evento no passado, com início e fim bem definidos ("Caminhei hoje de manhã" – comecei e terminei a caminhada em tempos definidos). Esse sentido também é relacionado à desinência modo-temporal do verbo.

Além desses sentidos básicos que descrevem o evento, o verbo pode apresentar (mas nem sempre apresenta) a desinência número-pessoal, que aponta para quem desenvolveu o evento; no caso de nosso exemplo, a primeira pessoa do singular ("eu").

158 Morfologia para a educação básica

estão acontecendo no momento da fala. Ele é muito diferente do chamado *presente do indicativo*, como veremos logo a seguir. O *agora* é formado com a locução do *verbo estar no presente do indicativo + verbo principal no gerúndio*, este designando o evento da locução: *estou fazendo, estou comendo, estou estudando*. Veja um exemplo desse tempo em uso:

a. Não me atrapalha, porque eu estou estudando!

Peça para que seus alunos notem que, no agora, estamos falando no mesmo momento em que o evento está ocorrendo. Portanto, o sentido temporal do *agora* pode ser assim entendido: *expressa um evento que coincide com o momento da fala*.

Muitas vezes, usamos o *agora* com um sentido mais durativo, fazendo alusão a um período mais longo de tempo. Veja:

b. Estou sofrendo muito com a morte do meu pai.

Nesse caso, o período é maior, mas, ainda assim, o momento da fala está dentro desse período, coincidindo com, pelo menos, um ponto dele.

O PRESENTE

O *presente do indicativo* tem sido tradicionalmente ensinado como sendo o *agora*. Isso é muito errado e é claro que você já percebeu isso. O *presente do indicativo* é um dos tempos mais "soltos" na linha do tempo que nossa língua possui. Ele pode ser usado como *atemporal*, como expressão de um evento no passado ou no futuro ou, até para falar de algo que coincide com o *agora*. Veja como o *agora* é diferente do presente:

Imagine a seguinte situação: João está almoçando e recebe uma ligação de José:

a.
– Ei, John! Tudo bem?
– Tudo bem, cara!
– Posso passar aí pra te pegar agora?
– Agorinha não, porque eu como.

O que tem de errado na resposta de João: "Agorinha não, porque eu como."? Provavelmente, o José teria dificuldade para entender essa resposta e até poderia ironizar: "Ainda bem que você come, porque senão ia morrer de fome...". Para expressar um evento que está acontecendo no momento da fala, João teria que usar o *agora*. O *presente do indicativo* não serve para isso, pois ele não expressa sempre o evento no momento da fala, pelo menos, não sozinho. Veja como fica mais aceitável assim:

a'.
– Ei, John! Tudo bem?
– Tudo bem, cara!
– Posso passar aí pra te pegar agora?
– Agorinha não, porque eu estou comendo.

Ficou bem melhor. Agora entendemos que o João não pode sair neste exato momento porque ele está fazendo algo que não quer interromper. Isso não ficava claro com o verbo no presente.

Vejamos outros exemplos do presente do indicativo e suas representações:

Como atemporal:

b.   A água <u>ferve</u> a cem graus centígrados no nível do mar.

Esse "ferve" é quando? Só agora, na hora que eu estou falando, ou sempre, toda vez que se colocar a água para ferver no nível do mar? É claro que é sempre, independentemente de tempo marcado na linha. É por isso que as leis das ciências e os ditados populares, por exemplo, são expressos no *presente do indicativo*: porque devem valer para qualquer tempo:

c.   O quadrado da hipotenusa <u>é</u> igual à soma dos quadrados dos catetos.
d.   Não se <u>chora</u> o leite derramado.
e.   Água mole em pedra dura tanto <u>bate</u> até que <u>fura</u>.

160 Morfologia para a educação básica

Veja que todos os verbos dessas frases conhecidas (exemplos c, d, e) estão no *presente do indicativo*. É isso que dá a elas essa sensação de "verdade eterna".

> E isso pode ser até meio perigoso, pois pode nos enganar sobre mentiras que parecem verdades. E é justamente por isso que se constitui como um excelente tema de trabalho para seus alunos. Analisar o efeito dos tempos verbais sobre o sentido das frases é um trabalho que demanda tempo e atenção dos alunos. E os ajudará a analisar os discursos alheios de forma mais clara e mais aguçada do que normalmente o fazem. Além disso, ajudará a meninada na hora de conseguir certos efeitos desejados na hora de escrever.

Para um evento no passado:

> f. Eu estava na balada na semana passada e me chega aquele mala...

Observe como, neste caso, esse *presente* é usado para expressar um evento que aconteceu antes do *agora*, portanto, no passado. No exemplo dado, o *presente* tomou como ponto de referência na linha do tempo outro verbo no passado, que ajudou a localizar o evento expresso pelo presente também no passado (a pessoa estava na balada = passado; chega o "mala" = também no passado).

Para um evento no futuro:

> g. Estou aqui pensando se eu estou na festa de amanhã e chega minha ex...

Nesse exemplo, *estou pensando* reflete o *agora*, a hora em que estou falando. Já a segunda ocorrência do verbo *estou* ("estou na festa") é *presente do indicativo* e se refere a uma coisa que eu tenho medo que pode ocorrer amanhã, portanto no futuro. Então se toma esse verbo e se usa como ponto de partida para um outro evento, também apresentado no *presente do indicativo*, mas que estaria ainda mais no futuro: minha *ex chega* (o que, ao que parece, seria um problema...). É um exemplo bem usual de presente usado para expressar o futuro referenciando outro presente na mesma condição. Isso é tão comum que a gente consegue representar uma sucessão de eventos, desde o passado até o futuro, usando apenas verbos no presente do indicativo. Observe:

> h. Olha só como é a vida, rapaz: o sujeito nasce, cresce, trabalha, trabalha, trabalha, não junta nada e morre na pobreza... Que dureza!

Se você pedisse para um aluno colocar esses eventos na linha do tempo, eles deveriam sair lá de trás (*nasce* e *cresce*), ocupar um tempo durativo no centro (*trabalha, trabalha, trabalha, junta*) e terminar no futuro (*morre*). Mas observou que todos eles estão no presente do indicativo? Pois ele é assim mesmo: um tempo versátil que funciona ao longo de toda a linha do tempo.

Para um evento no agora:

i. <u>Acho</u> que vou parar de tomar refrigerante...

Neste caso, que não é dos mais comuns na língua atualmente, pois o mais provável seria ouvir algo como "estou achando que vou parar...", o *presente do indicativo* "acho" funciona no *agora*, coincidindo com o momento em que estou falando, e isso referencia uma ação possível no futuro.

Como pudemos ver, é importante diferenciar os usos do *agora* e do *presente do indicativo*, este último tendo o seguinte sentido temporal: *evento definido em qualquer ponto da linha do tempo ou em todos simultaneamente, conforme a necessidade expressiva e as referências de tempo que apareçam na frase.*

O PASSADO PERFEITO – SIMPLES E COMPOSTO

No português brasileiro, ainda, temos duas formas de *passado perfeito* no modo indicativo (a simples e a composta), embora elas apresentem diferenças de sentido.

No *passado perfeito simples*, o sentido temporal é de *um evento pontual localizado antes do momento da fala.* Observe que não importa se esse momento foi há dois segundos ou há dois milhões de anos. Não é a distância do momento em que estou falando que faz do tempo um *passado perfeito*, mas o fato de que ele é pontual (começa e acaba em momentos bem definidos) e que ocorre antes do *agora*. Vejamos os exemplos:

a. <u>Comprei</u> uma bola de vôlei agorinha.
b. Eles <u>acabaram</u> a construção há dez anos.
c. O mundo <u>foi</u> atingido por um meteoro há cinquenta milhões de anos.

162 Morfologia para a educação básica

Nos três casos, a representação mental que fazemos desse tempo é a mesma: o evento que ocorre pontualmente no passado.

O *passado perfeito* tem esse nome porque seu sentido expressa um evento acabado – começado e encerrado. Já o chamado *passado perfeito composto do indicativo*, que é formado com o *verbo auxiliar no presente do indicativo* e com *o principal no particípio*, tem um sentido diferente, de evento que começa e que se alonga além do momento da fala, ou seja, que vem, pelo menos, até o *agora* e que, talvez, avance até um pouco no futuro. Veja esses exemplos:

d. Você <u>tem andado</u> um pouco triste ultimamente.
e. <u>Tenho notado</u> algumas mudanças no Brasil.
f. Vocês <u>têm visto</u> a Maria ultimamente?

Em todos os casos, parece que a ação tem um início definido, mas se estende, pelo menos, até o agora. Portanto, o sentido temporal do *passado perfeito composto* é o de *expressar um evento que tem início definido no passado, mas que é durativo, chegando ou até ultrapassando o agora.*

O PASSADO IMPERFEITO

Primeiramente, veja que o *passado imperfeito* não tem forma composta, pois esse tempo é usado como tempo auxiliar lá no *passado mais-que-perfeito*. Então, vamos ver como o *passado imperfeito* funciona.

O *passado imperfeito do indicativo* tem esse nome porque *expressa uma ação durativa, com início e fim indefinidos, mas que se encerra antes do agora.* Veja que ele tem um sentido diferente do *passado perfeito composto do indicativo*:

Isso de não ter uma forma composta acontece com diversos tempos verbais no português, que não apresentam esse formato justamente porque são usados como tempo do verbo auxiliar para constituir compostos em outros tempos. Por outro lado, existem tempos que só apresentam a forma composta, pois isso é possível a partir dos tempos simples funcionando no verbo auxiliar, como é o caso dos *passados perfeito* e *mais-que-perfeito do subjuntivo*, que só existem em formato composto, como veremos mais adiante.

a. Há muitos anos, ele <u>frequentava</u> os bares da cidade.
b. Eu <u>sabia</u> isso, mas não lembro mais.
c. A gente <u>ia</u> muito na praia nos idos de 1980.

Em todos os exemplos anteriores, a ação começa e termina num tempo indefinido (ou seja, definido de forma "imperfeita"), dura um pouco, mas termina antes do agora.

O PASSADO MAIS-QUE-PERFEITO – SIMPLES E COMPOSTO

O *passado mais-que-perfeito do indicativo* leva esse nome estranho simplesmente porque representa um evento que ocorre antes do *passado perfeito do indicativo*, ou seja, é o passado que ocorre mais no passado do que o perfeito (daí o nome mais-que-perfeito).

No Brasil, as formas simples e composta desse tempo verbal conviveram por algum tempo. Hoje, a forma simples (*andara, comera, partira, pusera*) praticamente não existe mais na fala, sendo que apenas uma ou outra pessoa, normalmente em ambientes acadêmicos, a usa. Por isso, alguns estudiosos chegam a dizer que o *mais-que-perfeito do indicativo* não existe mais no português brasileiro. Mas isso não é correto. Esse tempo existe e é muito utilizado na sua forma composta, que tem sentido temporal muito semelhante ao da forma simples. Talvez, por isso mesmo, os falantes estejam preferindo manter uma só das duas e optaram pela composta, seguindo, aliás, *uma tendência clara do português brasileiro por verbos em formas compostos*. A forma composta do *mais-que-perfeito do indicativo* é constituída pelo *verbo auxiliar no passado imperfeito do indicativo* com o *verbo principal no particípio*. Vamos ver alguns exemplos:

a. Quando eu <u>entrei</u> na sala, o João já <u>tinha saído</u>.
b. Na hora em que ele <u>acabou</u> a tarefa, a professora já <u>tinha dado</u> zero.
c. Quando a gente <u>conseguiu</u> o dinheiro, ela já <u>tinha vendido</u> a moto.

Note como a ação do *mais-que-perfeito* (*tinha saído, tinha dado* e *tinha vendido*) ocorre antes da ação do *perfeito* (*entrei, acabou* e *conseguiu*).

Então, podemos ver que o sentido temporal do *mais-que-perfeito do indicativo* é o de *expressar um evento pontual que acontece no passado*

164 Morfologia para a educação básica

antes de outro evento definido por um verbo no passado perfeito do indi-cativo. Veja que o *mais-que-perfeito* não tem nada a ver com um tempo distante, longínquo, como alguns gramáticos tentaram descrever. Ele apenas acontece antes do perfeito, e isso pode ser há um minuto ou há um segundo:

d.
> João acabou de entrar na sala e perguntou:
> – Você viu a Maria?
> – Quando você <u>chegou</u> ela <u>tinha saído</u> há um minuto!
> – Que azar!

e.
> Um casal está comendo bolachas e assistindo à TV:
> – Puxa! Eu queria a última bolacha!
> O marido, com a bolacha recém-colocada na boca, responde de boca cheia:
> – Quando você <u>pediu</u>, eu já <u>tinha colocado</u> na boca...

Um outro uso que tenho notado se tornar cada vez mais comum para o *passado mais-que-perfeito do indicativo* é o que tenho chamado de "tempo do arrependimento", o que é, obviamente, uma forma divertida e figurada de expressar o sentido temporal desse verbo quando ele entra em *harmonia com o passado imperfeito do subjuntivo.*

O *passado imperfeito do subjuntivo* expressa uma condição que afeta outros eventos dados por outros tempos verbais. Como veremos adiante, ele costuma acontecer muito em harmonia com o *futuro do passado do indicativo.* Mas, neste caso que estamos analisando, a harmonia é mesmo com o *mais-que-perfeito do indicativo.* Senão vejamos:

f. Se a gente <u>soubesse</u> da alta do dólar, não <u>tinha comprado</u> as passa-gens.

g. Se eu <u>tivesse</u> dinheiro, <u>tinha estudado</u> no estrangeiro.

h. Se ela <u>conhecesse</u> bem o sujeito, não <u>tinha se casado</u> com ele.

Veja como, nesses exemplos, o *passado mais-que-perfeito do indicativo* está referenciado depois do *passado imperfeito do subjuntivo*, e não antes do *perfeito do indicativo.* Mas note que tudo acontece antes do agora.

Nesse tipo de harmonia, o sentido temporal do *mais-que-perfeito do indicativo* é o de *expressar um evento que teria sido evitado ou um evento que era desejado, mas que não foi realizado apenas em função de uma condição dada pelo imperfeito do subjuntivo, que não foi cumprida.*

Em relação a esse tipo de harmonia, precisamos lembrar que ela parece ter sido realizada, mais antigamente, não com o *passado mais-que-perfeito composto do indicativo*, mas como o *futuro do passado do indicativo*. Na chamada variante de prestígio, a harmonia preferencial seria assim:

i. Se a gente <u>soubesse</u> da alta do dólar, não <u>teria comprado</u> as passagens.

j. Se eu <u>tivesse</u> dinheiro, <u>teria estudado</u> no estrangeiro.

k. Se ela <u>conhecesse</u> bem o sujeito, não <u>teria se casado</u> com ele.

É evidente que é uma forma possível, mas que não ocorre costumeiramente entre os falantes, nem mesmo entre os falantes ditos "cultos" da língua, embora seja relacionada à variante de prestígio. Como sempre, vai aparecer uma ou outra pessoa que fale assim e várias que escrevem assim. Na fala relaxada do cotidiano, porém, ela é raríssima. Um pouco mais comum é encontrar a forma atualizada de *futuro do passado do indicativo*, que é composta e que ocorre assim:

> Neste ponto, vale lembrar seus alunos que a escrita é mais monitorada do que a fala. E mais: hoje, ainda se conta com a vigilância permanente do *Dr. Word*, que fica sublinhando nossos escritos para dizer quando erramos. Portanto, seria uma ótima ocasião para um debate de sala sobre as diferenças entre a variante de prestígio escrita e a falada, especialmente no que tange ao uso dos tempos verbais. Seus alunos vão se surpreender ao ver o quanto as pessoas, até as mais cultas e monitoradas, falam diferente do que escrevem.

l. Se a gente <u>soubesse</u> da alta do dólar, não <u>ia ter comprado</u> as passagens.

m. Se eu <u>tivesse</u> dinheiro, <u>ia ter estudado</u> no estrangeiro.

n. Se ela <u>conhecesse</u> bem o sujeito, não <u>ia ter casado</u> com ele.

Mas o *futuro do passado*, vamos estudar com calma adiante.

166 Morfologia para a educação básica

O FUTURO DO PRESENTE – SIMPLES E COMPOSTO

Assim como aconteceu com o *passado-mais-que-perfeito do indicativo*, o *futuro do presente* (que tem esse nome porque acontece depois do *agora*, que é comumente confundido com o *presente*, como já vimos) apresentava duas formas que conviveram na língua durante algum tempo. Hoje, a forma simples tradicional (*andarei, comerei, partirei, porei*) está quase em total desuso na fala, também só ocorrendo com algumas pessoas em alguns ambientes e, um pouco mais frequentemente, na escrita, mas só em alguns gêneros textuais. A forma mais aceita e usada é uma forma composta (que substitui a forma simples sem muita diferença de sentido), que fazemos com o *verbo ir no presente do indicativo* funcionando como auxiliar e *o verbo principal no infinitivo impessoal*. Esse tempo ficou, então, com duas formas compostas em uso (a tradicional, com verbo *ter*, e a mais usual, com verbo *ir*) e nenhuma simples. Vejamos a primeira delas nos exemplos:

a. Hoje, <u>vou comer</u> uma pizza daquelas!
b. No ano que vem, a Maria <u>vai passear</u> na Europa.
c. Acho que eles <u>vão</u> se <u>dar</u> bem com esse negócio.

Em todos esses casos, o tempo apenas *expressa um evento que acreditamos que ocorrerá depois do momento da fala*, não importa em quanto tempo lá no futuro o evento acontecerá ou até mesmo se acontecerá.

A outra forma do futuro do *presente do indicativo*, a composta tradicional, era feita com *o verbo auxiliar no futuro do presente tradicional + o verbo principal no particípio*. O resultado era *terei cantado, terá cantado, teremos cantado* etc. Como os falantes substituíram a forma tradicional deste tempo por uma composta (*terei = vou ter*; *terá = vai ter*; *teremos = vamos ter*), a mesma substituição aconteceu nessas formas compostas tradicionais, que, hoje, ocorrem assim: *vou ter cantado, vai ter cantado, vamos ter cantado*.

Essa forma composta do *futuro do presente do indicativo* aparece em harmonia com o *futuro do subjuntivo* (*quando eu cantar, quando eles cantarem, se a gente cantar*). É interessante que, nessa harmonia, o *futuro do subjuntivo* fica além, mais para o futuro do que o *futuro do presente do indicativo*. Veja:

d. Quando o chefe <u>chegar</u>, eu já <u>vou ter acabado</u> o serviço.
e. Quando o médico <u>atender</u>, o doente já <u>vai ter morrido</u>.
f. Se o dinheiro <u>sair</u>, o prazo da conta já <u>vai ter vencido</u>.

Perceba que, nesse tipo de harmonia, nós vamos para um futuro possível, lá longe, e voltamos para o *futuro do presente composto*, quando a ação já terá acontecido, mas tudo isso acontecendo no futuro, ou seja, depois do *agora*. Em outras palavras, esse tempo vai e volta, mas tudo no futuro.

Nessa harmonia temporal, o futuro do *presente do indicativo expressa um evento que já vai ter ocorrido no futuro antes de um outro evento que prevemos que também venha a acontecer.*

O FUTURO DO PASSADO – SIMPLES E COMPOSTO

O *futuro do passado do indicativo*, por sua vez, é um tempo que estabelece harmonia com o *passado imperfeito do subjuntivo*. Como já vimos, o *passado imperfeito do subjuntivo* indica uma condição (se eu *tivesse*, se eu *pudesse*, se eu *soubesse*) e o *futuro do passado do indicativo* é vinculado a essa exigência que vem expressa pelo *passado imperfeito do subjuntivo*. Por isso é que ele é chamado de "futuro do passado", porque é um "futuro" (ou seja, um tempo que acontece/deveria se localizar depois), mas um futuro de algo definido no passado como uma condição.

Como no *futuro do presente do indicativo*, o *futuro do passado do indicativo* também já teve duas formas que conviveram na língua por algum tempo, uma simples e uma composta. Porém a forma simples foi substituída por uma composta e acabamos ficando, mais uma vez, com duas formas compostas em uso. A forma simples tradicional (*cantaria, iria, comeria, colocaria*) quase não é mais usada, exceto por poucas pessoas, em poucos ambientes ou na escrita, sendo preterida em favor da forma composta (como já disse, o uso de formas verbais compostas é, atualmente, uma tendência clara do português brasileiro).

Essa forma composta que substituiu a forma simples, incialmente, era formada pelo *verbo "ir" funcionando como auxiliar e conjugado no próprio futuro do passado do indicativo* (*iria, iríamos, iriam*). Mas, atualmente, se usa uma forma reduzida dessa conjugação, que ficou igual ao *passado imperfeito do indicativo do verbo ir* (*ia, íamos, iam*).

168 Morfologia para a educação básica

Na verdade, só não podemos dizer que se trata de um *passado mais-que-perfeito composto do indicativo* porque este tempo é formado com o *verbo auxiliar no passado imperfeito do indicativo* + o *verbo principal no particípio* (*tinha feito, tinham comido, tínhamos acabado*), enquanto o *futuro do passado do indicativo* é formado com o *verbo principal no infinitivo* (*ia fazer, iam comer, íamos acabar*). Note isso: na forma composta atual, a que substituiu o *passado perfeito simples* tradicional, o verbo principal vem *sempre no infinitivo impessoal*. Veja os exemplos:

a. Se ele <u>tivesse</u> recursos, <u>ia estudar</u> no estrangeiro.
b. Se eu <u>pudesse</u>, <u>ia trocar</u> de carro loguinho.
c. Se a gente <u>comprasse</u> a moto, <u>ia viajar</u> este ano.

Acho bastante interessante que, nesta harmonia entre *passado imperfeito do subjuntivo* e *futuro do passado do indicativo*, o *passado imperfeito do subjuntivo* ainda é um tempo passado, mas que parece invadir o *agora*. É bem diferente do que acontece com a harmonia entre o *passado imperfeito do subjuntivo* e o *passado mais-que-perfeito do indicativo* que estudamos anteriormente, em que tudo ocorre antes do *agora*. É uma diferença importante, pois traz resultados diversos no sentido geral do verbo. Veja as diferenças entre as duas harmonias, diferenças essas que definem a escolha que o falante fará na hora de usar esses tempos:

1. **Harmonia entre o passado imperfeito do subjuntivo e o futuro do passado do indicativo:**
    d. Se ele <u>tivesse</u> recursos, <u>ia estudar</u>. (Se tivesse quando? Antes ou agora.)
    e. Se eu <u>pudesse</u>, <u>ia trocar</u>. (Se pudesse quando? Antes ou agora.)
    f. Se a gente <u>comprasse</u>, <u>ia viajar</u>. (Se comprasse quando? Antes ou agora.)

2. **Harmonia entre o passado imperfeito do subjuntivo e o passado mais-que-perfeito do indicativo:**
    g. Se a gente <u>soubesse,</u> não <u>tinha comprado</u>. (Se soubesse quando? Antes.)
    h. Se eu <u>tivesse dinheiro</u>, <u>tinha estudado</u>. (Se tivesse quando? Antes.)
    i. Se ela <u>conhecesse,</u> não <u>tinha se casado</u>. (Se conhecesse quando? Antes.)

Então, pode-se ver que, na harmonia com *futuro do passado do indicativo*, o *passado imperfeito do subjuntivo* apresenta uma condição que é mais durativa, ou seja, que nasce no passado, mas que perdura até, pelo menos, o momento em que se está falando a sentença.

Como você pode notar, o sentido desse tempo, nessa forma e nessa harmonia, é o de *expressar um evento que poderia acontecer no futuro, depois do agora, se uma condição fosse cumprida antes ou agora*.

Com a forma composta tradicional, que era formada pelo *verbo ter conjugado no próprio futuro do passado + o verbo auxiliar no particípio*, aconteceu a mesma coisa que ocorreu com o *futuro do presente do indicativo*, ou seja, as formas *teria, teriam, teríamos* foram substituídas por *ia ter, iam ter, íamos ter*. Dessa maneira, assim como aconteceu com o *futuro do presente do indicativo*, hoje em dia, a forma antes tradicionalmente composta por dois verbos aparece com três verbos na locução. Vamos retomar os exemplos que dei anteriormente:

j. Se a gente <u>soubesse</u> da alta do dólar, não <u>ia ter comprado</u> as passagens.
k. Se eu <u>tivesse</u> dinheiro, <u>ia ter estudado</u> no estrangeiro.
l. Se ela <u>conhecesse</u> bem o sujeito, não <u>ia ter se casado</u> com ele.

Note como, nesta harmonia, o evento aconteceu antes do *agora* justamente porque não se cumpriu uma condição qualquer. Mais uma vez, devemos notar que a diferença dessa forma para o *mais-que-perfeito composto* é a presença de um *infinitivo*, que dá essa sensação de futuro, mesmo que, como disse, o evento tenha ocorrido antes do *agora*.

Muito bem. Até aqui vimos todos os tempos que são preditos para o indicativo pelas gramáticas tradicionais (e mais um, não predito nessas gramáticas, que é o *agora*) e como eles acontecem na nossa fala cotidiana do português brasileiro.

Para ajudar seus alunos na hora de visualizar esses tempos todos, que tal montarmos aqui um quadro comparativo para verificar os tempos que já aprendemos? Vamos a ele:

> O excesso de conteúdo que nossos currículos escolares destinam a cada ano, semestre, bimestre, nos leva à tentação de tratar todos esses tempos verbais em uma ou duas aulas. Por favor, não faça isso! Estude apenas um tempo verbal em cada aula e treine bastante seu uso, analisando seu sentido e os efeitos que conseguimos com eles. Sei que você estará pensando agora: "Tá bom... E como eu faço isso? Não dá tempo de dar todo o conteúdo se eu for nessa lerdeza..." Eu sei que sua preocupação é real e fundamentada em sua experiência. Já estive aí no seu lugar, na mesma situação. Mas aprendi que é melhor ensinar pouco com os alunos aprendendo alguma coisa do que ensinar muito com eles não aprendendo nada. O excesso de conteúdo destinado a cada etapa curricular na educação básica do Brasil é um dilema presente, mas isso nunca vai mudar se não nos colocarmos contra isso e se jamais debatermos sobre a necessidade de alterar radicalmente esse estado de coisas. De toda forma, fica aqui meu pedido.

Quadro comparativo dos tempos verbais segundo a gramática tradicional e de acordo com a forma mais aceita do português brasileiro atual – modo indicativo

Modo indicativo (verbo cantar)		
Tempos	**Formas segundo a gramática tradicional - pretendida para a variante de prestígio escrita**	**Formas mais aceitas no português brasileiro falado**
Agora	-	estou cantando
Presente	canto	canto
Passado perfeito	cantei	cantei
Passado perfeito composto	tenho cantado	tenho cantado
Passado imperfeito	cantava	cantava
Passado mais-que-perfeito	cantara	-
Passado mais-que-perfeito composto	tinha cantado	tinha cantado
Futuro do presente	cantarei	vou cantar
Futuro do presente composto	terei cantado	vou ter cantado
Futuro do passado	cantaria	ia cantar
Futuro do passado composto	teria cantado	ia ter cantado

> É bom que seu aluno conheça todos esses formatos dos tempos verbais e que saiba quando e como usá-los – se desejar ou se precisar. Afinal, se ele não souber o que significa cada tempo, como é usado e para que serve em nossa cultura, como vai dominar seu uso? Aliás, esse domínio demandará muito treinamento...

Então, passemos aos tempos do subjuntivo.

Modo subjuntivo

Bem diferente do modo indicativo, pelo qual expressamos nossa "quase certeza" de que as coisas aconteceram ou vão acontecer, pelo *modo subjuntivo* expressamos eventos que nós achamos que *podem* um dia acontecer, que *desejamos ou não* que aconteçam, *sem certeza* alguma: são *apenas possibilidades*. O subjuntivo é o modo do "tomara", do "quem sabe", do "talvez".

Assim, todos os tempos do subjuntivo refletem esse *sentido temporal de incerteza em relação aos eventos*. Passemos a eles.

O PRESENTE

Costumo chamar o *presente do subjuntivo* de "tempo do tomara". Primeiramente, podemos perceber que, do mesmo jeito que o *presente do indicativo* (e diferentemente do *agora*), o *presente do subjuntivo* não trata de um evento que está ocorrendo neste momento. Embora esse tempo se chame "presente", *o sentido temporal dele trata de algo que queremos (ou não) que aconteça no futuro*. Veja os exemplos a seguir:

a. Tomara que eu <u>passe</u> no vestibular!
b. Estou torcendo para que minha mãe <u>consiga</u> ganhar um aumento.
c. Vamos rezar para que ele não <u>volte</u>!

Como se pode ver, esses verbos expressam um desejo de que um evento se realize (ou não) no futuro. Veja que pode ser em um futuro próximo ou em um futuro distante. O falante deseja neste momento, mas para que isso venha ou não se materializar mais à frente. Mais uma vez não é um "presente" como nos ensinaram a entender esse tempo, mas, na verdade, uma espécie de futuro.

> Bem, pelo menos a mim, quando eu era criança, ensinaram que o *presente* era igual ao *agora*, mas não é... Só bem depois foi que percebi que os dois tempos que as gramáticas normativas chamam de *presente* (do indicativo e do subjuntivo) quase nunca falam do agora.

O PASSADO PERFEITO COMPOSTO

O *passado perfeito composto do subjuntivo* é construído com a mesma fórmula que o *passado perfeito do indicativo,* ou seja, com o *verbo auxiliar no presente do mesmo modo + verbo principal no particípio.*

Embora ele se chame passado (lembre seus alunos de que *passado* é algo que *acontece antes de um ponto no tempo* – de qualquer ponto), esse tempo *serve para expressar um evento que pode ter acontecido antes ou depois do agora (ou seja, pode ser no passado ou no futuro em relação ao agora), mas que deverá ter acontecido (ou não) antes de um ponto definido no futuro* (Observe que, como é "antes de um ponto no tempo", por isso mesmo é chamado de *passado*). Confuso? Nem tanto. Veja os exemplos:

a. Quando ele <u>chegar</u>, espero que eu <u>tenha acabado</u> o serviço.
b. Se ela <u>for</u> ao Rio de Janeiro este ano, tomara que as brigas já <u>tenham terminado</u>.
c. Minha esposa já <u>vai chegar</u> da rua e espero que ela <u>tenha achado</u> meu remédio.

Veja como é interessante esse fato de o evento desse verbo poder acontecer antes ou depois do momento da fala. No primeiro exemplo, fica claro que ele não acabou o serviço ainda, logo, o evento de "acabar o serviço" está no futuro. Mas, nos outros dois exemplos, as brigas já podem ter terminado no momento em que se falou a frase, bem como "minha mulher" já pode ter achado o remédio na hora em que eu digo a sentença. Ou seja, esse tempo se "calcula" mesmo é em relação a um ponto na linha do tempo lá no futuro. É esse ponto no futuro que se define como limite para que o evento já tenha ocorrido, logo, no passado em relação a esse mesmo limite.

O PASSADO IMPERFEITO

O sentido temporal do *passado imperfeito do subjuntivo* é o de *expressar um evento que deveria ter acontecido como condição para que outro evento ocorra*. Portanto, é o tempo do "se". Já vimos que esse tempo ocorre em harmonia com outros tempos, como, por exemplo, o *futuro do passado do indicativo*. Vamos ver mais alguns exemplos:

a. Se ela <u>tivesse</u> emprego, não <u>ia precisar</u> da bolsa.
b. O João sabia que, se ele <u>faltasse</u>, não <u>ia ganhar</u> o prêmio.
c. Se a encomenda <u>chegasse</u>, a gente <u>ia saber</u> isso direitinho.

O PASSADO MAIS-QUE-PERFEITO COMPOSTO

O *passado mais-que-perfeito composto do subjuntivo* é montado com a mesma fórmula desse tempo no indicativo, ou seja, *o verbo auxiliar no passado imperfeito do mesmo modo + o verbo principal no particípio*, que dá a sensação de passado ao tempo (já vimos que o particípio funcionando no verbo principal dá sensação de passado e o infinitivo dá sensação de futuro).

Esse tempo empresta do *passado imperfeito do subjuntivo* aquele sentido de condição. Porém, enquanto o *passado imperfeito* expressa um evento que, embora seja uma condição, ainda tem a possibilidade de se realizar, no caso do *mais-que-perfeito composto*, *a sensação que o sentido temporal nos passa é de que essa condição não se realizou e nem pode se realizar até o agora* (depois, até é possível, mas até o *agora* é impossível). Vamos observar, em alguns exemplos, como isso acontece. Note, nesses exemplos, que a harmonia ditada pela gramática tradicional é desse tempo com o *futuro do passado do indicativo*. Porém, da mesma forma como acontece com o *passado imperfeito do subjuntivo*, a harmonia mais usual e aceita popularmente é com o *passado imperfeito do subjuntivo*:

Harmonia prescrita como tradicional:

a. Se eu <u>tivesse conseguido</u> a passagem, eu já <u>teria/ia ter viajado</u>.
b. Se o João <u>tivesse acabado</u> o curso, até <u>poderia/ia poder fazer</u> o concurso agora.
c. Maria até <u>poderia/ia poder comprar</u> a máquina se já <u>tivesse recebido</u> o salário.

174 Morfologia para a educação básica

Harmonia usual e mais aceita:

d. Se eu <u>tivesse conseguido</u> a passagem, eu já <u>tinha viajado</u>.
e. Se o João <u>tivesse acabado</u> o curso, até <u>podia fazer</u> o concurso agora.
f. Maria até <u>podia comprar</u> a máquina se já <u>tivesse recebido</u> o salário.

Observe que sentido temporal interessante este: *a condição expressa pelo mais-que-perfeito composto do subjuntivo está sempre antes do agora* (isto é, no passado em relação ao agora). Então, ela é diferente do *mais-que-perfeito composto do indicativo*, cujo nome tem sentido lá, porque o evento se desenrola antes do tempo *perfeito*. Veja:

a. no indicativo, a harmonia que faz sentido com o nome do tempo é: *mais-que-perfeito > perfeito*;
b. porém, aqui no subjuntivo, embora o nome do tempo seja o mesmo, a harmonia é diferente: o *mais-que-perfeito* não toma o *perfeito* como ponto de referência e é, na verdade, relacionado ao *agora*: *mais-que-perfeito > agora*.

Logo, esse nome "mais-que-perfeito composto do subjuntivo" não é bom! Ele pode confundir, quando se compara com o tempo do mesmo nome do modo indicativo, mas é uma construção diferente. O sentido temporal, aqui, tem jeito mesmo é de ser um *passado imperfeito composto do subjuntivo*. Então, ficaríamos assim:

- *passado imperfeito simples do subjuntivo* – condição que pode se realizar até o agora;
- *passado imperfeito composto do subjuntivo* – condição que não pode se realizar até o agora.

Mas, infelizmente, isso não é assim e está definido há muito tempo: uma tradição difícil de mudar... Então, preste atenção: tempos com o mesmo nome (*mais-que-perfeito* – do indicativo e do subjuntivo) são, na realidade, diferentes em sua cronologia e sentidos e cada um deles tem um uso e uma função diferentes na língua.

O FUTURO – SIMPLES E COMPOSTO

Ao *futuro do subjuntivo* eu costumo chamar de "tempo do esperançoso". É o tempo do "se-um-dia-quem-sabe". É um tempo muito usado no cotidiano e *expressa um evento que pode ou não vir a acontecer no futuro*. Esse é o tempo que usamos para expressar, por exemplo, eventos relativos a *um desejo, a um anseio, a um sonho futuro*, ou a *um medo, a um temor ou a algo que não queremos que aconteça*. Veja os exemplos:

a. Quando eu <u>ganhar</u> na megasena, vou realizar todos os sonhos da minha mãe.
b. Se eles <u>morrerem</u>, a gente vai ter problemas graves aqui...
c. Se ela se <u>casar</u> com o João, ele vai ser o homem mais feliz do mundo!

Note que a construção desse tempo é muito simples: pretende-se que o evento aconteça (ou não) depois do *agora*. Porém, também podemos notar que ele assume uma harmonia interessante com o *futuro do presente do indicativo*. Se, por um lado, é bem comum ver o *futuro do indicativo* funcionando sozinho (<u>*Vamos andar* de bicicleta</u>), por outro, o *futuro do subjuntivo* parece sempre querer a companhia do "colega" do indicativo (<u>Se</u> a gente <u>ganhar</u> uma bicicleta... a gente <u>vai andar</u>).

Já o *futuro composto do subjuntivo*, formado com *o verbo auxiliar no futuro do subjuntivo + o principal no particípio* (lembre-se que, se por um lado, *futuro* expressa a ideia de "para frente", o *particípio* dá a sensação de passado – "para trás") é bem complexo e tem um uso muito mais restrito: *expressa algo que deverá ter acontecido no futuro para que outra coisa venha a acontecer adiante dele, ou seja, expressa uma condição no futuro para outro evento mais no futuro ainda*. Este tempo é – cronologicamente falando – o mais complexo de nossa língua, pois, em sua harmonia completa, temos que considerar três pontos diferentes na linha do tempo:

1. um real, que é o *agora*;
2. um hipotético, que é lá no futuro; e
3. um terceiro, que é assumido pelo próprio tempo em relação ao segundo evento previsto.

176 Morfologia para a educação básica

Esse "tempinho" complicado assume harmonia com o *presente* ou com o *futuro do presente*, ambos do indicativo. Veja esses exemplos e as explicações que se seguem:

d. Se ela <u>tiver acabado</u> isso até amanhã, ela <u>recebe/vai receber</u> o combinado.
e. Quando eu <u>tiver terminado</u> essa tarefa, a gente <u>conversa/vai conversar</u>.
f. Se a gente <u>tiver chegado</u> de viagem até lá, então a gente <u>vê/vai ver</u> isso com a calma necessária.

Note que o falante, como sempre, está falando no *agora*, que é o ponto inicial de referência para esse futuro. Mas esse evento definido no futuro é olhado a partir de um ponto ainda mais no futuro, ou seja, como se ele já tivesse hipoteticamente acontecido. Essa a sensação de "olhar para trás" (sensação de passado) é a que o *particípio* nos transmite, como se percebe nos verbos *tiver acabado, tiver terminado, tiver chegado*. Porém, na harmonia completa, a coisa não termina aí: é justamente a partir do evento expresso pelo *futuro composto do subjuntivo* – que a gente nem sabe se vai acontecer de verdade, mas diz "se tiver acontecido" – que se estabelece a referência para o outro evento expresso pelo *presente* ou pelo *futuro do presente do indicativo*. Complexo isso, não é? Um evento que nem aconteceu e já é tomado como referência para outro evento possível. Veja nessas versões dos exemplos anteriores:

d'. Estou falando agora (momento 1) que,
    se ela tiver acabado isso amanhã (momento 2),
    ela vai receber o que combinamos (momento 3).
e'. Estou falando agora (momento 1) que,
    quando eu tiver terminado esta tarefa (momento 2),
    a gente vai conversar (momento 3).
f'. Estou falando agora (momento 1) que,
    se a gente tiver chegado de viagem até um dado dia (momento 2),
    a gente vai ver isso com a calma necessária (momento 3).

Agora que estudamos um a um os tempos do modo subjuntivo, podemos montar um quadro comparativo como o que fizemos para o modo indicativo. Vamos verificar que as diferenças entre aquilo que a gramática tradicional dita e as formas usuais e mais aceitas são menores aqui.

Acho espantoso que a gente use essas construções complexas o tempo todo e nem perceba como elas são incríveis e úteis. Veja que elas *refletem situações bem definidas em nossa cultura.* Tudo o que precisamos expressar, como já disse aqui, a língua tem que dar conta de fazer direitinho. Cada situação real ou imaginária que a nossa cultura prevê em relação a um evento tem uma estrutura correlata na língua para ser expressa. Acho isso lindo! É parte da magia de uma língua natural! E que tal chamar a atenção de seus alunos para a praticidade desse conteúdo?

Quadro comparativo dos tempos verbais segundo a gramática tradicional e de acordo com a forma mais aceita de português brasileiro atual – modo subjuntivo

Modo Subjuntivo (verbo cantar)		
Tempos	**Formas segundo a gramática tradicional pretendida para a variante de prestígio escrita**	**Formas mais aceitas no português brasileiro falado**
Presente	(tomara que eu) cante	(tomara que eu) cante (será que eu) canto
Passado perfeito composto	(tomara que eu) tenha cantado	(tomara que eu) tenha cantado
Passado imperfeito	(se eu) cantasse	(se eu) cantasse
Passado mais-que-perfeito composto	(se eu) tivesse cantado	(se eu) tivesse cantado
Futuro	(quando/se eu) cantar	(quando/se eu) cantar (quando/se eu) for cantar
Futuro composto	(quando/se eu) tiver cantado	(quando/se eu) tiver cantado

O uso imperativo

Como explicado anteriormente, o imperativo do português brasileiro não é exatamente um *modo*, mas uma *maneira pragmática* de utilização do verbo para expressar uma ordem ou pedido. A gramática tradicional afirma que só há a forma simples para o imperativo, mas os falantes usam uma forma composta, que se constrói com o verbo ir como auxiliar, conjugado no presente do indicativo ou do subjuntivo, conforme a região do país.

178 Morfologia para a educação básica

AFIRMATIVO E NEGATIVO – SIMPLES E COMPOSTO

Como se trata de uma maneira pragmática de usar os verbos, o imperativo não se refere a nenhum evento propriamente dito. Na verdade, nem sabemos se a ordem ou pedido serão atendidos. Se fizéssemos muito esforço para enxergar essa ordem na linha do tempo, *o máximo que poderíamos fazer seria visualizar que a ordem ocorre no agora e será atendida (ou não) no futuro*. Isso deixa evidente que não se trata realmente de um modo verbal, pois sequer há possibilidade de estabelecimento de tempos para seus diferentes formatos.

Uma vez observado isso, podemos montar aqui um quadro comparativo entre os formatos previstos pela gramática tradicional para a variante de prestígio escrita no Brasil e aquelas que são mais usuais e aceitas para os *imperativos negativo* e *afirmativo*:

Forma imperativa (verbo cantar)		
Formas	**Formas segundo a gramática tradicional**	**Formas mais aceitas no português brasileiro**
Afirmativa	canta (tu) cante (você) cantemos (nós) cantai (vós) cantem (vocês)	vá/vai cantar (tu, você) vamos cantar (nós) vai cantar (a gente) vão cantar (vocês)
Negativa	não cantes (tu) não cante (você) não cantemos (nós) não canteis (vós) não cantem (vocês)	não vá/vai cantar (tu, você) não vamos cantar (nós) não vai cantar (a gente) não vão cantar (vocês)

Embora a gramática tradicional, em relação ao imperativo, fale apenas de uma forma afirmativa e de uma negativa (pedido/ordem para realizar o evento e pedido/ordem para não realizar, respectivamente), na fala cotidiana também temos uma forma "interruptiva" ou "cessativa", isto é, um pedido ou ordem para que se interrompa um evento. Para isso, usamos, geralmente, expressões com *"parar de"*, *"chegar de"* ou *"bastar de"* + o infinitivo do verbo, que ficam como *para de cantar, chega de cantar ou basta de cantar*. Porém, como disse, essas formas tão comuns não são acolhidas tradicionalmente como formas verbais, embora evidentemente o sejam e, como se pode ver, muito usuais. *Bem, mas o fato de a tradição gramatical não aceitar algo não nos impede de saber que esse algo existe na nossa linguagem cotidiana.* Um dia, os "imortais" certamente as reconhecerão. Como, certa vez, escreveu-me o professor Bechara, famoso gramático normativista brasileiro e membro da Academia Brasileira de Letras, "se estiver nos bons livros, a Academia reconhecerá".

Então, para encerrar a parte de cronologia, que tal montar um quadro geral dos tempos verbais, com todas as formas usuais e suas funções? Isso ajudará muito os alunos na visualização geral do tema.

> Antes de concluir esta seção sobre a cronologia verbal, gostaria de ressaltar que este conteúdo é para ser entendido, e não para ser decorado. Ele diz respeito às necessidades expressivas cotidianas de seus alunos ao falar e escrever. Por isso é importante que você permita que eles as conheçam e as reconheçam, que treinem seu uso, que aproveitem as peculiaridades de cada tempo em sua escrita, ganhando, assim, mais força expressiva quando precisarem se comunicar.

Quadro geral dos tempos verbais do português brasileiro e seus usos

Vamos montar nosso quadro geral dos tempos verbais do português brasileiro usando, como exemplo, um verbo regular de primeira conjugação bem conhecido: "cantar".

180 Morfologia para a educação básica

VERBO CANTAR			
Formatos usuais mais aceitos para os tempos verbais e suas funções comunicativas			
Modo	**Tempo**	**Verbo conjugado**	**Para que se usa?**
MODO INDICATIVO	**Agora**	estou cantando	Falar de algo que está acontecendo agora.
	Presente	canto	Falar de algo que pode acontecer em qualquer tempo.
	Passado perfeito	cantei	Falar de algo pontual que já aconteceu antes do agora.
	Passado perfeito composto	tenho cantado	Falar de algo que tem acontecido há algum tempo e dura até o agora.
	Passado imperfeito	cantava	Falar de algo que aconteceu por algum tempo, mas já não acontece mais.
	Passado mais-que-perfeito composto	tinha cantado	Falar de algo que tinha acontecido antes de outra coisa que aconteceu logo após.
	Futuro do presente	vou cantar	Falar de algo que vai acontecer no futuro.
	Futuro do presente composto	vou ter cantado	Falar de algo que já vai ter acontecido no futuro quando outra coisa vier a acontecer.
	Futuro do passado	ia cantar	Falar de algo que poderia (ou até poderá) acontecer, mas que não aconteceu ainda porque alguma condição não foi cumprida.
	Futuro do passado composto	ia ter cantado	Falar de algo que poderia ter acontecido, mas que não aconteceu (e parece que não vai mais acontecer) porque alguma condição não foi cumprida.
MODO SUBJUNTIVO	**Presente**	(tomara que eu) cante (será que eu) canto	Falar de algo que se espera que venha, ou não, a acontecer depois de agora.
	Passado perfeito composto	(tomara que eu) tenha cantado	Falar de algo que se espera que já tenha acontecido quando outra coisa determinada vier a acontecer.
	Passado imperfeito	(se eu) cantasse	Falar de algo que deve acontecer como condição para que outra coisa aconteça.
	Passado mais-que-perfeito composto	(se eu) tivesse cantado	Falar de algo que não aconteceu até agora e que, se tivesse acontecido, teria permitido que outra coisa acontecesse.
	Futuro	(quando/se eu) cantar (quando/se eu) for cantar	Falar de algo que talvez aconteça depois de agora.
	Futuro composto	(quando/se eu) tiver cantado	Falar de algo que, se vier a acontecer no futuro, poderá servir de condição para que outra coisa aconteça.

FORMA IMPERATIVA	**Afirmativa**	vá/vai cantar (tu, você) vamos cantar (nós) vai cantar (a gente) vão cantar (vocês)	Dar ordem ou fazer pedido.
	Negativa	não vá/vai cantar (tu, você) não vamos cantar (nós) não vai cantar (a gente) não vão cantar (vocês)	Dar ordem ou fazer pedido.
	Interruptiva/ cessativa	para de/ chega de/ basta de cantar	Dar ordem ou fazer pedido para que algo em andamento seja interrompido.
FORMAS NOMINAIS	**Infinitivo impessoal**	cantar	Falar de um verbo de maneira genérica; compor formas verbais compostas com um sentido de futuro ou de atemporalidade.
	Infinitivo pessoal	cantar cantarmos cantarem	Falar de um evento com presença de sujeito, sem noção de tempo ou, ainda, com sentido de futuro.
	Gerúndio	cantando	Falar de algo em andamento; compor formas verbais compostas com sentido de algo durativo.
	Particípio	cantado	Falar de algo finalizado; compor formas verbais compostas dando um sentido de passado.

Você contou? Isso mesmo: são 23 tempos/formatos verbais ativos e comumente utilizados no Brasil. E então? O que fazer em relação a isso com os alunos? E com você? Penso que deveria ser assim:

- Decorar isso? Só o professor...
- Entender isso? Todos, certamente!
- Compreender os usos e saber como tirar proveito de cada um? Claro!
- Praticar até que essas formas verbais se tornem automáticas e façam parte das habilidades expressivas de cada aluno? Com certeza!

Exemplos de conjugação de verbos regulares

Depois de tudo o que aprendemos sobre os verbos, é importante para seus alunos que conheçam e tenham em mãos exemplos de verbos regulares em suas formas simples, um de cada conjugação, na *variante de prestígio*, devidamente flexionados e com suas duas partes principais isoladas (*radical e terminação*). Isso ilustrará para eles a complexidade do sistema verbal de nossa língua e poderá servir para eventuais consultas.

> É claro que uma visão mais completa do sistema verbal do português só seria dada por um dicionário de conjugação verbal com todos os verbos cadastrados no Volp. Isso é especialmente verdadeiro em relação à conjugação dos verbos irregulares. Mas esse material todo já existe e, afinal, nem caberia aqui. Então, é interessante mostrar um dicionário de conjugação verbal aos seus alunos e falar sobre a utilidade de dicionários especializados desse tipo.

Esses exemplos serão dados com os verbos *cantar, dever, partir* e *compor*. Como você já sabe, esses modelos servem para quaisquer verbos regulares do português.

Nesses quadros dos modelos, as *pessoas gramaticais* são marcadas assim:

a. *P* (pessoa)
b. *1, 2* ou *3* (primeira, segunda e terceira, respectivamente) e
c. *s* ou *p* (singular ou plural).

Assim, *P1s* deve ser lido "primeira pessoa do singular" e *P2p*, "segunda pessoa do plural".

Ainda, vemos nos quadros as seguintes siglas:

VT – vogal temática
DMT – desinência modo-temporal
DNP – desinência número-pessoal

Lembre seus alunos do que vimos lá quando estudamos as desinências: a *vogal temática* somada à *desinência modo-temporal* e à *desinência número-pessoal* formam a *terminação do verbo*, como se verá nos quadros. Observe que nem todas as formas verbais possuem todos esses elementos. Portanto, em algumas formas podem faltar um ou mais de um deles.

Então, agora que já expliquei como ler os quadros, vamos aos padrões de conjugação:

A 1ª CONJUGAÇÃO (EXEMPLO COM O VERBO CANTAR)

Presente do Indicativo		
Pessoas	Radical	Terminação (VT + DMT + DNP)
P1s	cant	o
P2s	cant	as
P3s	cant	a
P1p	cant	amos
P2p	cant	ais
P3p	cant	am

Passado Perfeito do Indicativo		
Pessoas	Radical	Terminação (VT + DMT + DNP)
P1s	cant	ei
P2s	cant	aste
P3s	cant	ou
P1p	cant	amos
P2p	cant	astes
P3p	cant	aram

Passado Imperfeito do Indicativo		
Pessoas	Radical	Terminação (VT + DMT + DNP)
P1s	cant	ava
P2s	cant	avas
P3s	cant	ava
P1p	cant	ávamos
P2p	cant	áveis
P3p	cant	avam

Pass. M. Q. Perfeito do Indicativo		
Pessoas	Radical	Terminação (VT + DMT + DNP)
P1s	cant	ara
P2s	cant	aras
P3s	cant	ara
P1p	cant	áramos
P2p	cant	áreis
P3p	cant	aram

184 Morfologia para a educação básica

Futuro do Presente do Indicativo		
Pessoas	Radical	Terminação (VT + DMT + DNP)
P1s	cant	arei
P2s	cant	arás
P3s	cant	ará
P1p	cant	aremos
P2p	cant	areis
P3p	cant	arão

Futuro do Passado do Indicativo		
Pessoas	Radical	Terminação (VT + DMT + DNP)
P1s	cant	aria
P2s	cant	arias
P3s	cant	aria
P1p	cant	aríamos
P2p	cant	aríeis
P3p	cant	ariam

Presente do Subjuntivo		
Pessoas	Radical	Terminação (VT + DMT + DNP)
P1s	cant	e
P2s	cant	es
P3s	cant	e
P1p	cant	emos
P2p	cant	eis
P3p	cant	em

Passado Imperfeito do Subjuntivo		
Pessoas	Radical	Terminação (VT + DMT + DNP)
P1s	cant	asse
P2s	cant	asses
P3s	cant	asse
P1p	cant	ássemos
P2p	cant	ásseis
P3p	cant	assem

Futuro do Subjuntivo		
Pessoas	Radical	Terminação (VT + DMT + DNP)
P1s	cant	ar
P2s	cant	ares
P3s	cant	ar
P1p	cant	armos
P2p	cant	ardes
P3p	cant	arem

Imperativo Afirmativo		
Pessoas	Radical	Terminação (VT + DMT + DNP)
P1s	–	–
P2s	cant	a
P3s	cant	e
P1p	cant	emos
P2p	cant	ai
P3p	cant	em

Imperativo Negativo		
Pessoas	Radical	Terminação (VT + DMT + DNP)
P1s	–	–
P2s	cant	es
P3s	cant	e
P1p	cant	emos
P2p	cant	eis
P3p	cant	em

Infinitivo Pessoal		
Pessoas	Radical	Terminação (VT + DMT + DNP)
P1s	cant	ar
P2s	cant	ares
P3s	cant	ar
P1p	cant	armos
P2p	cant	ardes
P3p	cant	arem

Formas nominais		
Formas	Radical	Terminação (VT + DMT + DNP)
Inf.	cant	ar
Ger.	cant	ando
Part.	cant	ado

A 2ª CONJUGAÇÃO (EXEMPLO COM O VERBO DEVER)

Presente do Indicativo		
Pessoas	Radical	Terminação (VT + DMT + DNP)
P1s	dev	o
P2s	dev	es
P3s	dev	e
P1p	dev	emos
P2p	dev	eis
P3p	dev	em

Passado Perfeito do Indicativo		
Pessoas	Radical	Terminação (VT + DMT + DNP)
P1s	dev	i
P2s	dev	este
P3s	dev	eu
P1p	dev	emos
P2p	dev	estes
P3p	dev	eram

Passado Imperfeito do Indicativo		
Pessoas	Radical	Terminação (VT + DMT + DNP)
P1s	dev	ia
P2s	dev	ias
P3s	dev	ia
P1p	dev	íamos
P2p	dev	íeis
P3p	dev	iam

Pass. M. Q. Perfeito do Indicativo		
Pessoas	Radical	Terminação (VT + DMT + DNP)
P1s	dev	era
P2s	dev	eras
P3s	dev	era
P1p	dev	êramos
P2p	dev	êreis
P3p	dev	eram

Futuro do Presente do Indicativo		
Pessoas	Radical	Terminação (VT + DMT + DNP)
P1s	dev	erei
P2s	dev	erás
P3s	dev	erá
P1p	dev	eremos
P2p	dev	ereis
P3p	dev	erão

Futuro do Passado do Indicativo		
Pessoas	Radical	Terminação (VT + DMT + DNP)
P1s	dev	eria
P2s	dev	erias
P3s	dev	eria
P1p	dev	eríamos
P2p	dev	eríeis
P3p	dev	eriam

Presente do Subjuntivo		
Pessoas	Radical	Terminação (VT + DMT + DNP)
P1s	dev	a
P2s	dev	as
P3s	dev	a
P1p	dev	amos
P2p	dev	ais
P3p	dev	am

188 Morfologia para a educação básica

Passado Imperfeito do Subjuntivo		
Pessoas	Radical	Terminação (VT + DMT + DNP)
P1s	dev	esse
P2s	dev	esses
P3s	dev	esse
P1p	dev	êssemos
P2p	dev	êsseis
P3p	dev	essem

Futuro do Subjuntivo		
Pessoas	Radical	Terminação (VT + DMT + DNP)
P1s	dev	er
P2s	dev	eres
P3s	dev	er
P1p	dev	ermos
P2p	dev	erdes
P3p	dev	erem

Imperativo Afirmativo		
Pessoas	Radical	Terminação (VT + DMT + DNP)
P1s	–	–
P2s	dev	e
P3s	dev	a
P1p	dev	amos
P2p	dev	ei
P3p	dev	am

Imperativo Negativo		
Pessoas	Radical	Terminação (VT + DMT + DNP)
P1s	–	–
P2s	dev	as
P3s	dev	a
P1p	dev	amos
P2p	dev	ais
P3p	dev	am

Infinitivo Pessoal		
Pessoas	Radical	Terminação (VT + DMT + DNP)
P1s	dev	er
P2s	dev	eres
P3s	dev	er
P1p	dev	ermos
P2p	dev	erdes
P3p	dev	erem

Formas nominais		
Formas	Radical	Terminação (VT + DMT + DNP)
Inf.	dev	er
Ger.	dev	endo
Part.	dev	ido

A 3ª CONJUGAÇÃO (EXEMPLO COM O VERBO PARTIR)

Presente do Indicativo		
Pessoas	Radical	Terminação (VT + DMT + DNP)
P1s	part	o
P2s	part	es
P3s	part	e
P1p	part	imos
P2p	part	is
P3p	part	em

Passado Perfeito do Indicativo		
Pessoas	Radical	Terminação (VT + DMT + DNP)
P1s	part	i
P2s	part	iste
P3s	part	iu
P1p	part	imos
P2p	part	istes
P3p	part	iram

190 Morfologia para a educação básica

Passado Imperfeito do Indicativo		
Pessoas	Radical	Terminação (VT + DMT + DNP)
P1s	part	ia
P2s	part	ias
P3s	part	ia
P1p	part	íamos
P2p	part	íeis
P3p	part	iam

Pass. M. Q. Perfeito do Indicativo		
Pessoas	Radical	Terminação (VT + DMT + DNP)
P1s	part	ira
P2s	part	iras
P3s	part	ira
P1p	part	íramos
P2p	part	íreis
P3p	part	iram

Futuro do Presente do Indicativo		
Pessoas	Radical	Terminação (VT + DMT + DNP)
P1s	part	irei
P2s	part	irás
P3s	part	irá
P1p	part	iremos
P2p	part	ireis
P3p	part	irão

Futuro do Passado do Indicativo		
Pessoas	Radical	Terminação (VT + DMT + DNP)
P1s	part	iria
P2s	part	irias
P3s	part	iria
P1p	part	iríamos
P2p	part	iríeis
P3p	part	iriam

Presente do Subjuntivo		
Pessoas	Radical	Terminação (VT + DMT + DNP)
P1s	part	a
P2s	part	as
P3s	part	a
P1p	part	amos
P2p	part	ais
P3p	part	am

Passado Imperfeito do Subjuntivo		
Pessoas	Radical	Terminação (VT + DMT + DNP)
P1s	part	isse
P2s	part	isses
P3s	part	isse
P1p	part	íssemos
P2p	part	ísseis
P3p	part	issem

Futuro do Subjuntivo		
Pessoas	Radical	Terminação (VT + DMT + DNP)
P1s	part	ir
P2s	part	ires
P3s	part	ir
P1p	part	irmos
P2p	part	irdes
P3p	part	irem

Imperativo Afirmativo		
Pessoas	Radical	Terminação (VT + DMT + DNP)
P1s	—	—
P2s	part	e
P3s	part	a
P1p	part	amos
P2p	part	i
P3p	part	am

192 Morfologia para a educação básica

Imperativo Negativo		
Pessoas	Radical	Terminação (VT + DMT + DNP)
P1s	–	–
P2s	part	as
P3s	part	a
P1p	part	amos
P2p	part	ais
P3p	part	am

Infinitivo Pessoal		
Pessoas	Radical	Terminação (VT + DMT + DNP)
P1s	part	ir
P2s	part	ires
P3s	part	ir
P1p	part	irmos
P2p	part	irdes
P3p	part	irem

Formas nominais		
Formas	Radical	Terminação (VT + DMT + DNP)
Inf.	part	ir
Ger.	part	indo
Part.	part	ido

A 4ª CONJUGAÇÃO (EXEMPLO COM O VERBO COMPOR)

Presente do Indicativo		
Pessoas	Radical	Terminação (VT + DMT + DNP)
P1s	comp	onho
P2s	comp	ões
P3s	comp	õe
P1p	comp	omos
P2p	comp	ondes
P3p	comp	õem

Passado Perfeito do Indicativo		
Pessoas	Radical	Terminação (VT + DMT + DNP)
P1s	comp	us
P2s	comp	useste
P3s	comp	os
P1p	comp	usemos
P2p	comp	usestes
P3p	comp	useram

Passado Imperfeito do Indicativo		
Pessoas	Radical	Terminação (VT + DMT + DNP)
P1s	comp	unha
P2s	comp	unhas
P3s	comp	unha
P1p	comp	únhamos
P2p	comp	únheis
P3p	comp	unham

Pass. M. Q. Perfeito do Indicativo		
Pessoas	Radical	Terminação (VT + DMT + DNP)
P1s	comp	usera
P2s	comp	useras
P3s	comp	usera
P1p	comp	uséramos
P2p	comp	uséreis
P3p	comp	useram

Futuro do Presente do Indicativo		
Pessoas	Radical	Terminação (VT + DMT + DNP)
P1s	comp	orei
P2s	comp	orás
P3s	comp	orá
P1p	comp	oremos
P2p	comp	oreis
P3p	comp	orão

Futuro do Passado do Indicativo		
Pessoas	Radical	Terminação (VT + DMT + DNP)
P1s	comp	oria
P2s	comp	orias
P3s	comp	oria
P1p	comp	oríamos
P2p	comp	oríeis
P3p	comp	oriam

Presente do Subjuntivo		
Pessoas	Radical	Terminação (VT + DMT + DNP)
P1s	comp	onha
P2s	comp	onhas
P3s	comp	onha
P1p	comp	onhamos
P2p	comp	onhais
P3p	comp	onham

Passado Imperfeito do Subjuntivo		
Pessoas	Radical	Terminação (VT + DMT + DNP)
P1s	comp	usesse
P2s	comp	usesses
P3s	comp	usesse
P1p	comp	uséssemos
P2p	comp	usésseis
P3p	comp	usessem

Futuro do Subjuntivo		
Pessoas	Radical	Terminação (VT + DMT + DNP)
P1s	comp	user
P2s	comp	useres
P3s	comp	user
P1p	comp	usermos
P2p	comp	userdes
P3p	comp	userem

Imperativo Afirmativo		
Pessoas	Radical	Terminação (VT + DMT + DNP)
P1s	–	–
P2s	comp	õe
P3s	comp	onha
P1p	comp	onhamos
P2p	comp	onde
P3p	comp	onham

Imperativo Negativo		
Pessoas	Radical	Terminação (VT + DMT + DNP)
P1s	–	–
P2s	comp	onhas
P3s	comp	onha
P1p	comp	onhamos
P2p	comp	onhais
P3p	comp	onham

Infinitivo Pessoal		
Pessoas	Radical	Terminação (VT + DMT + DNP)
P1s	comp	or
P2s	comp	ores
P3s	comp	or
P1p	comp	ormos
P2p	comp	ordes
P3p	comp	orem

Formas nominais		
Formas	Radical	Terminação (VT + DMT + DNP)
Inf.	comp	or
Ger.	comp	ondo
Part.	comp	osto

Exemplos de conjugação de verbos de uso comum e com forte irregularidade: *ser, ver, vir, ir, haver* e *rir*

Da mesma forma, é importante que seus alunos conheçam alguns verbos irregulares comuns no dia a dia, mas que trazem grande dificuldade para a maioria das pessoas. Aqui apresento os verbos *ser, ver, vir, ir, haver* e *rir*, mas sem a divisão em radical e terminação, uma vez que esses verbos têm grande variação em seus radicais.

Faça uso desses quadros com seus alunos em diversas atividades, para que sejam capacitados para usá-los automaticamente em seu cotidiano.

Esses quadros são lidos da mesma forma que os quadros dos verbos regulares. Vamos a eles:

Verbo: Ser					
Modo/Forma: Indicativo					
Tempo	P1s	P2s	P3s	P1p	P2p	P3p
Presente	sou	és	é	somos	sois	são
Pass. Perfeito	fui	foste	foi	fomos	fostes	foram
Pass. Imperfeito	era	eras	era	éramos	éreis	eram
Pass. M. Q. Perfeito	fora	foras	fora	fôramos	fôreis	foram
Futuro do Presente	serei	serás	será	seremos	sereis	serão
Futuro do Passado	seria	serias	seria	seríamos	seríeis	seriam

Verbo: Ser					
Modo/Forma: Subjuntivo					
Tempo	P1s	P2s	P3s	P1p	P2p	P3p
Presente	seja	sejas	seja	sejamos	sejais	sejam
Pass. Imperfeito	fosse	fosses	fosse	fôssemos	fôsseis	fossem
Futuro	for	fores	for	formos	fordes	forem

Verbo: Ser					
Modo/Forma: Imperativo					
Forma	P1s	P2s	P3s	P1p	P2p	P3p
---	---	---	---	---	---	---
Afirmativo	–	sê	seja	sejamos	sede	sejam
Negativo	–	sejas	seja	sejamos	sejais	sejam

Verbo: Ser					
Modo/Forma: Nominais					
Forma	P1s	P2s	P3s	P1p	P2p	P3p
---	---	---	---	---	---	---
Infinitivo pessoal	ser	seres	ser	sermos	serdes	serem
Infinitivo impessoal			ser			
Particípio			sido			
Gerúndio			sendo			

Verbo: Ver					
Modo/Forma: Indicativo					
Tempo	P1s	P2s	P3s	P1p	P2p	P3p
---	---	---	---	---	---	---
Presente	vejo	vês	vê	vemos	vedes	veem
Pass. Perfeito	vi	viste	viu	vimos	vistes	viram
Pass. Imperfeito	via	vias	via	víamos	víeis	viam
Pass. M. Q. Perfeito	vira	viras	vira	víramos	víreis	viram
Futuro do Presente	verei	verás	verá	veremos	vereis	verão
Futuro do Passado	veria	verias	veria	veríamos	veríeis	veriam

Verbo: Ver					
Modo/Forma: Subjuntivo					
Tempo	P1s	P2s	P3s	P1p	P2p	P3p
---	---	---	---	---	---	---
Presente	veja	vejas	veja	vejamos	vejais	vejam
Pass. Imperfeito	visse	visses	visse	víssemos	vísseis	vissem
Futuro	vir	vires	vir	virmos	virdes	virem

Verbo: Ver					
Modo/Forma: Imperativo					
Forma	P1s	P2s	P3s	P1p	P2p	P3p
---	---	---	---	---	---	---
Afirmativo	–	vê	veja	vejamos	vede	vejam
Negativo	–	vejas	veja	vejamos	vejais	vejam

198 Morfologia para a educação básica

Verbo: Ver						
Modo/Forma: Nominais						
Formas	P1s	P2s	P3s	P1p	P2p	P3p
Infinitivo pessoal	ver	veres	ver	vermos	verdes	verem
Infinitivo impessoal	ver					
Particípio	visto					
Gerúndio	vendo					

Verbo: Vir						
Modo/Forma: Indicativo						
Tempo	P1s	P2s	P3s	P1p	P2p	P3p
Presente	venho	vens	vem	vimos	vindes	vêm
Pass. Perfeito	vim	vieste	veio	viemos	viestes	vieram
Pass. Imperfeito	vinha	vinhas	vinha	vínhamos	vínheis	vinham
Pass. M. Q. Perfeito	viera	vieras	viera	viéramos	viéreis	vieram
Futuro do Presente	virei	virás	virá	viremos	vireis	virão
Futuro do Passado	viria	virias	viria	viríamos	viríeis	viriam

Verbo: Vir						
Modo/Forma: Subjuntivo						
Tempo	P1s	P2s	P3s	P1p	P2p	P3p
Presente	venha	venhas	venha	venhamos	venhais	venham
Pass. Imperfeito	viesse	viesses	viesse	viéssemos	viésseis	viessem
Futuro	vier	vieres	vier	viermos	vierdes	vierem

Verbo: Vir						
Modo/Forma: Imperativo						
Forma	P1s	P2s	P3s	P1p	P2p	P3p
Afirmativo	–	vem	venha	venhamos	vinde	venham
Negativo	–	venhas	venha	venhamos	venhais	venham

Verbo: Vir					
Modo/Forma: Nominais					
Formas	P1s	P2s	P3s	P1p	P2p	P3p
Infinitivo pessoal	vir	vires	vir	virmos	virdes	virem
Infinitivo impessoal	vir					
Particípio	vindo					
Gerúndio	vindo					

Verbo: Ir					
Modo/Forma: Indicativo					
Tempo	P1s	P2s	P3s	P1p	P2p	P3p
Presente	vou	vais	vai	vamos	ides	vão
Pass. Perfeito	fui	foste	foi	fomos	fostes	foram
Pass. Imperfeito	ia	ias	ia	íamos	íeis	iam
Pass. M. Q. Perfeito	fora	foras	fora	fôramos	fôreis	foram
Futuro do Presente	irei	irás	irá	iremos	ireis	irão
Futuro do Passado	iria	irias	iria	iríamos	iríeis	iriam

Verbo: Ir					
Modo/Forma: Subjuntivo					
Tempo	P1s	P2s	P3s	P1p	P2p	P3p
Presente	vá	vás	vá	vamos	vades	vão
Pass. Imperfeito	fosse	fosses	fosse	fôssemos	fôsseis	fossem
Futuro	for	fores	for	formos	fordes	forem

Verbo: Ir					
Modo/Forma: Imperativo					
Forma	P1s	P2s	P3s	P1p	P2p	P3p
Afirmativo	–	vai	vá	vamos	ide	vão
Negativo	–	vás	vá	vamos	vades	vão

200 Morfologia para a educação básica

Verbo: Ir					
Modo/Forma: Nominais					
Formas	P1s	P2s	P3s	P1p	P2p	P3p
Infinitivo pessoal	ir	ires	ir	irmos	irdes	irem
Infinitivo impessoal	ir					
Particípio	ido					
Gerúndio	indo					

Verbo: Haver					
Modo/Forma: Indicativo					
Tempo	P1s	P2s	P3s	P1p	P2p	P3p
Presente	hei	hás	há	havemos	haveis	hão
Pass. Perfeito	houve	houveste	houve	houvemos	houvestes	houveram
Pass. Imperfeito	havia	havias	havia	havíamos	havíeis	haviam
Pass. M. Q. Perfeito	houvera	houveras	houvera	houvéramos	houvéreis	houveram
Futuro do Presente	haverei	haverás	haverá	haveremos	havereis	haverão
Futuro do Passado	haveria	haverias	haveria	haveríamos	haveríeis	haveriam

Verbo: Haver					
Modo/Forma: Subjuntivo					
Tempo	P1s	P2s	P3s	P1p	P2p	P3p
Presente	haja	hajas	haja	hajamos	hajais	hajam
Pass. Imperfeito	houvesse	houvesses	houvesse	houvéssemos	houvésseis	houvessem
Futuro	houver	houveres	houver	houvermos	houverdes	houverem

Verbo: Haver					
Modo/Forma: Imperativo					
Forma	P1s	P2s	P3s	P1p	P2p	P3p
Afirmativo	–	há	haja	hajamos	havei	hajam
Negativo	–	hajas	haja	hajamos	hajais	hajam

Verbo: Haver						
Modo/Forma: Nominais						
Formas	P1s	P2s	P3s	P1p	P2p	P3p
Infinitivo pessoal	haver	haveres	haver	havermos	haverdes	haverem
Infinitivo impessoal	haver					
Particípio	havido					
Gerúndio	havendo					

Verbo: Rir						
Modo/Forma: Indicativo						
Tempo	P1s	P2s	P3s	P1p	P2p	P3p
Presente	rio	ris	ri	rimos	rides	riem
Pass. Perfeito	ri	riste	riu	rimos	ristes	riram
Pass. Imperfeito	ria	rias	ria	ríamos	ríeis	riam
Pass. M. Q. Perfeito	rira	riras	rira	ríramos	ríreis	riram
Futuro do Presente	rirei	rirás	rirá	riremos	rireis	rirão
Futuro do Passado	riria	ririas	riria	riríamos	riríeis	ririam

Verbo: Rir						
Modo/Forma: Subjuntivo						
Tempo	P1s	P2s	P3s	P1p	P2p	P3p
Presente	ria	rias	ria	riamos	riais	riam
Pass. Imperfeito	risse	risses	risse	ríssemos	rísseis	rissem
Futuro	rir	rires	rir	rirmos	rirdes	rirem

Verbo: Rir						
Modo/Forma: Imperativo						
Forma	P1s	P2s	P3s	P1p	P2p	P3p
Afirmativo	–	ri	ria	riamos	ride	riam
Negativo	–	rias	ria	riamos	riais	riam

| Verbo: Rir | | | | | |
| Modo/Forma: Nominais | | | | | |
Formas	P1s	P2s	P3s	P1p	P2p	P3p
Infinitivo pessoal	rir	rires	rir	rirmos	rirdes	rirem
Infinitivo impessoal	rir					
Particípio	rido					
Gerúndio	rindo					

Agora que seus alunos já conhecem bem a estrutura e a conjugação de nossos verbos, é necessário ensinar a eles algumas características do funcionamento dos verbos nas frases. Essas características serão importantes quando eles forem estudar a sintaxe do português.

VERBOS FUNCIONANDO NAS FRASES

A palavra que funciona como base da concordância no português brasileiro – e você já ensinou isso aos seus alunos – é o *nome* (substantivo). Por isso *o nome é a palavra mais importante da estrutura frasal do português brasileiro*, pois dela depende toda a concordância nominal e verbal. Porém, *tradicionalmente, o verbo é tomado como centro da frase*, por duas razões muito práticas:

1. embora tenhamos frases sem verbos, o mais comum é que elas tenham verbos e, neste caso (em que elas têm verbos e se chamam "orações") os verbos podem até aparecer sozinhos;

2. nas frases em que o verbo existe, ele é o grande "dedo-duro" da frase e denuncia a estrutura básica da sentença, pois, a partir dele, já podemos verificar a existência de sujeito, complementos e outros elementos. E é isso que nos dá a impressão de centralidade dos verbos.

> OK! Eu sei que *oração* é um nome horrível para uma estrutura sintática... *Oração* tem a ver com religião, e não com gramática. Mas, infelizmente, esse foi o rótulo que os gramáticos tradicionalistas colocaram nas *frases que têm verbos* e não há muito o que possamos fazer em relação a isso. Então, o jeito é compreender do que se trata e fazer aí umas orações (do tipo religioso) para que um dia esses rótulos ruins sejam abandonados de vez na gramática do português e você não tenha mais que ensinar coisas confusas assim.

Porém, quando estão nas frases, os verbos apresentam vários tipos de funcionamento em relação ao sujeito e aos seus complementos, e esses diferentes tipos de comportamento gramatical do verbo têm consequências relevantes na estruturação da frase. Logo, é importante que seus alunos estudem isso em detalhes e é o que veremos a seguir.

Verbos que exigem e que não exigem sujeito – pessoalidade verbal

Há verbos que exigem *sujeito* para seu funcionamento correto (chamados de "verbos pessoais") e verbos que não exigem sujeito para seu funcionamento correto (chamados de "impessoais"). Os verbos pessoais se flexionam de acordo com o número e pessoa do sujeito, enquanto os verbos impessoais ficam sempre na 3ª pessoa, que não é marcada nesse aspecto, ou seja, que não apresenta desinências número-pessoais e que, portanto, já foi preparada pela língua para funcionar sem sujeito. Vale adiantar aqui um conceito que veremos lá na sintaxe em detalhes, que é o seguinte: *sujeito é o termo nominal que, quando ocorre na frase, exerce domínio morfossintático sobre o verbo*, isto é, *exige a concordância do verbo em número e pessoa*. Vejamos alguns exemplos:

Verbos com sujeito (o sujeito vem sublinhado assim __):
- João comprou um carro novo. Mas Maria não gostou. Os pais do João disseram que ele se casou muito mal.

Verbos sem sujeito:
- Há muita gente que tem pavor dos raios. Meus vizinhos ficaram com muito medo quando trovejou na noite de ontem.

Como disse anteriormente, quando o verbo ocorre com sujeito, deve concordar com ele em número e pessoa. Embora alguns teóricos insistam em dizer que essa concordância não existe mais, isso é falso, pois ela existe sim! Na verdade, você nunca verá um falante nativo da língua dizer "eu canta", pois isso seria um tipo de erro "fatal" em relação à concordância de pessoa. Quando esses teóricos afirmam que não existe mais concordância entre verbo e sujeito no português, eles geralmente usam exemplos como estes querendo provar essa posição:

204 Morfologia para a educação básica

a. "Furou os pneus" – que deveria ser, segundo eles, "Os pneus furaram", mas essa é uma visão errada do semantismo da frase, pois pneu não fura, algo é que fura o pneu;
b. "Quebrou as xícaras todas do armário" – da mesma forma, xícara não quebra, mas algo é que quebra a xícara, e o semantismo da frase evidencia isso;
c. "Elas não sabe a lição" – muito presente na fala, esse formato parcial de concordância (concorda em pessoa, mas não em número) é o mais usado para defender que não há mais concordância.

Para explicar ocorrências como as dos exemplos a, b e c, alguns teóricos chegam a propor que o que ocorre na concordância é o contrário, ou seja, que o sujeito é que concorda com o verbo. Então, deveríamos propor que o nome é que concorda com o nominal adjetivo também? Evidente que não. A base de concordância do português é solidamente estabelecida no nome e já mostramos isso até aqui (e vamos continuar mostrando quando falarmos de sintaxe, pois sintagmas e orações nominais também têm influência sobre a flexão do verbo que a eles corresponde).

Essa ideia de não concordância não passa uma interpretação superficial da sintaxe da estrutura, muitas vezes até baseando-se na ideia de papel temático como gerador ou obturador de concordância em todos os casos. Mas parece não ser tão simples assim.

O que penso ocorrer é o seguinte: a concordância de pessoa entre sujeito e verbo se dá com base em dois traços semânticos gramaticalizados, como já vimos, número e pessoa. Há uma hierarquia, uma importância maior de um traço em relação ao outro, e é exatamente essa

> Papel temático, segundo a visão mais aceita, é qualquer forma de uma coisa ou pessoa (sim, estamos falando agora de referentes) estar envolvida em um evento. Assim, podemos dizer que, em um evento x, uma pessoa (ou coisa) participa como *agente* ou como *paciente*, como *experienciador* ou como *lugar* em que o evento se desenrola (locativo) entre outras tantas possibilidades. Há um expressivo trabalho de linguistas brasileiros na tentativa de esgotar os papéis temáticos possíveis em nossa língua, de fechar uma lista definitiva. Isso, evidentemente, ainda não aconteceu e dificilmente acontecerá. Porém esse trabalho imenso permitiu que entendêssemos coisas importantes sobre a estruturação semântica das frases e, muitas vezes, que essa dimensão semântica (ou até a dimensão referencial) tem influência sobre a estrutura sintática.

hierarquia que está definindo o processo de mudança da língua nesse quesito. Para a conjugação dos verbos, o traço de pessoa é mais importante na língua do que o traço de número, ou seja, é hierarquicamente superior na gramática, nas regras que comandam a língua. E, dentro do traço de pessoa, o traço de 1ª pessoa é mais forte do que o de 3ª e de 2ª, respectivamente. Por essa razão, é muito comum que se veja o traço de número ser deixado de lado em estruturas como "eles canta" e "as coisa parece". Da mesma forma, o traço de 2ª pessoa quase sumiu engolido pelo traço de 3ª pessoa no processo atual de simplificação do paradigma verbal que o português está experimentando (e que muitas outras línguas já experimentaram). Por isso, temos estruturas como "tu vai", "vocês vão" ou "vocês vai". Porém, o traço que mais nos choca quando é desrespeitado (o que mais resiste, justamente porque é o mais forte na hierarquia) é o de 1ª pessoa, que desaparece em estruturas como "nós vai", muito marcadas por preconceito nos usos da língua, mas que nunca desaparece da 1ª pessoa do singular ("*Eu vai" não é aceito facilmente). Mas um dia é possível que ele também desapareça totalmente na 1ª pessoa do plural, de forma que fiquemos apenas com a 1ª pessoa do singular diferenciada (*eu vou*) e as demais (todas iguais: *tu/você/a gente/nós/vocês vai*)? É, sim, possível e há fatos atuais na língua falada que apontam para isso. Mesmo assim, se um dia isso vier a acontecer, ainda lá nesse futuro haverá concordância entre sujeito e verbo no português brasileiro, mesmo que com menor número de traços.

Já em relação aos exemplos que apresentam verbos antepostos, como "Furou os pneus" e "Quebrou as xícaras todas do armário", duas coisas parecem acontecer paralelamente. A primeira é a leitura semântica que fazemos do evento (e, nesse caso, a leitura dos papéis temáticos que atribuímos a "pneu" e "xícaras" como alvo da ação, e não como seus executores) poderia estar influenciando a seleção de traços de concordância que escolhermos. A segunda diz respeito à possibilidade de o português estar passando por um processo de ergativização de certos verbos, o que também ocorreu em outras línguas.

De modo resumido (pois há algumas variações em certas línguas), entendemos a forma ergativa dos verbos como um tipo de uso em que o termo que normalmente seria o *sujeito* não exprime a ação do evento, mas é o sintagma nominal que normalmente seria o *objeto* que acaba funcionando como tal. Algo bem parecido com o que acontece numa estrutura como "O vento fechou as portas" (em que "vento" é o agente") quando é transformada em "Fechou as portas" ou "As portas fechou", em que a porta (que era o objeto) vira "sujeito" e parece executar uma ação (de fechar a si mesma). Por sua vez, o verbo que era transitivo passa a ser intransitivo. Nas línguas que possuem um ergativo verdadeiro, o verbo é sempre impessoal quando usado de forma ergativa. Por isso, estruturas como essas dos exemplos "a" e "b" podem ser uma "sementinha" de mudança no português.

Na verdade, ainda não temos um ergativo morfossintaticamente concretizado em nossa língua, pois quando antepomos o verbo e colocamos o objeto na posição que seria de sujeito, não criamos para isso nenhuma marca morfológica, como costuma ocorrer nas línguas em que o ergativo já se concretizou. Porém, esse pode ser o estágio inicial do processo e, se for, teremos que esperar um pouco para descobrir a resposta.

> Atenção: veja que toda essa conversa se refere às formas de fala cotidianas e em alguns grupos de falantes. Na escrita e nas falas mais formais, a própria sociedade cobra a concordância que apresentei aqui como a mais aceita (*eu vou, você/a gente vai, nós vamos, vocês vão*). Fugir disso é muito complicado e muito cobrado: pode custar um emprego ou um bocado de respeito de alguém.

Aliás, os verbos impessoais costumam trazer alguns problemas de uso na variante de prestígio para muitas pessoas. Você tem certeza de que seus alunos sabem, por exemplo, como usar o verbo "haver" em todas as suas formas? Vejamos o quadro:

O verbo haver em sua forma impessoal costuma confundir as pessoas. Então, vamos ensinar seus alunos a usá-lo na *variante de prestígio* agora. Atenção!

Primeiro vamos diferenciá-lo do conectivo "a". Veja quando usar cada um deles:

a. O limite do município fica a 10 km daqui. (para indicar distâncias, tempos, metas que ainda vão ser alcançadas – ideia de *futuro*)

b. Vou terminar meu expediente daqui a pouco. (para indicar um evento no *futuro*)

c. Terminei meu expediente há pouco tempo e, agora, só trabalho amanhã. (para indicar um evento no *passado*)
d. Eu me formei há quatro anos e ainda não arrumei emprego. (para indicar um evento no *passado*)

Existe algum teste para facilitar essa identificação? Existe, sim. Tente substituir o "a" ou "há" por "faz". Se der certo, é o verbo "haver", e não o conectivo "a":

a'. *O limite do município fica faz 10 km daqui. (para indicar distâncias, tempos, metas que ainda vão ser alcançadas – ideia de *futuro*)
b'. *Vou terminar meu expediente daqui faz pouco. (para indicar um evento no *futuro*)
c'. Terminei meu expediente faz pouco tempo e, agora, só trabalho amanhã. (é um uso do verbo haver)
d'. Eu me formei faz quatro anos e ainda não arrumei emprego. (é um uso do verbo haver)

Agora, vamos ver o verbo haver com o sentido de "existir" ou "ocorrer/acontecer". Nesse uso ele também é impessoal:

e. Há muita gente no baile agora./ Há muitas pessoas no baile agora.
f. Havia muita gente no baile ontem./ Havia muitas pessoas no baile ontem.
g. Houve muita violência no baile ontem./ Houve muitas ocorrências no baile ontem.

Percebeu como ele não varia em número e pessoa? É sempre no singular, sempre impessoal. Quando estiver utilizando a variante de prestígio, nunca use "*haviam muitas pessoas", "*houveram muitas ocorrências" ou qualquer flexão pessoal desse verbo com os sentidos de "existir" ou "ocorrer/acontecer".

Viu como a coisa pode complicar nesse assunto de concordância verbal para quem não conhece bem o tema? Por isso vale a pena usar um bocado de tempo falando sobre isso e, principalmente, treinando isso. Logo, seus alunos precisam entender esses processos de concordância e a importância que eles têm no ambiente social, *uma vez que são dos principais elementos que acabam motivando manifestações de preconceito linguístico.*

Verbos que exigem e que não exigem complemento – transitividade verbal

Da mesma forma que ocorre em relação ao sujeito, há verbos que exigem *complementação verbal* e outros que não a exigem. *Complemento verbal é o termo nominal ou adverbial que complementa o sentido do verbo* (e isso você também verá com calma na parte de sintaxe). Mas, bem diferente do que ocorre com o sujeito, os verbos não concordam com seus complementos, pois, mesmo atuando como núcleos sintáticos em relação aos complementos, os verbos não têm como exigir concordância deles. Então, no português, o que marca primariamente o sujeito em uma frase que tenha sujeito + verbo + complemento (ou seja, o que diferencia primariamente o sujeito do complemento) é justamente a relação de concordância do verbo com o sujeito, e não com o complemento.

Há dois tipos de complementos para verbos: os complementos essenciais ao sentido do verbo, aqueles que *definem o sentido do verbo* (chamados de *complementos verbais*) e os complementos que não são essenciais e que não definem o sentido básico do verbo, embora obviamente acrescentem sentidos ao verbo (chamados de *complementos adverbiais*, e que as gramáticas tradicionais chamam de "adjuntos adverbiais"). A diferença entre um e outro só pode ser definida no contexto e no cenário em que a frase ocorre, ou seja, quando a língua está em uso. Veja os exemplos a seguir:

a. Esse cara come <u>muito</u>!
b. Esse cara <u>só</u> come <u>dia sim, dia não</u>.
c. Esse cara comeu <u>a vez na fila</u>.
d. Esse cara comeu <u>o bolo todo</u>.

Tradicionalmente nas gramáticas, o verbo "comer" é dado como "sempre exigindo complemento", ou seja, como se fosse "intrinsecamente transitivo". De forma predefinida e fora de um uso real da língua que permita definir o sentido dos verbos, isso é falso tanto com esse verbo como com qualquer outro. Nenhum verbo exige ou deixa de exigir complemento fora de um uso real em ambiente linguístico. Uma palavra "solta" não exige nada, pois sequer sabemos o sentido que ela tem. Veja o que acontece nos dois primeiros exemplos:

- Esse cara come muito!
- Esse cara só come dia sim, dia não.

Aqui, estamos usando o verbo "comer" em um cenário muito comum em nosso país que é com um sentido genérico de "alimentar-se", sem a necessidade de especificar o que se come. Simplesmente "as pessoas comem" e ponto. Os complementos "muito", "só... dia sim, dia não" dão ideias de *quantidade* e de *tempo*, respectivamente. São de natureza adverbial (por isso, *complementos adverbiais*) e não alteram o sentido estrito do verbo que, nos dois casos, é o de "alimentar-se" mesmo. Mas agora veja os dois últimos exemplos:

- Esse cara comeu a vez na fila.
- Esse cara comeu o bolo todo.

Vejamos a diferença de sentido do verbo comer nessas frases: "a vez na fila" é um complemento que define que o verbo "comer" não se refere a "alimentar-se", ao passo que "o bolo todo" define que, na frase em que apareceu, o sentido é mesmo de "alimentar-se". Esses dois complementos estão definindo a *essência de sentido do verbo* (por isso dizemos que são essenciais ao verbo). É a partir deles que sabemos quem um é "comer" no sentido de "furar a fila" e o outro é no sentido de "alimentar-se". Por isso são chamados de *complementos verbais*.

O verbo que aparece com *complemento verbal* em uma frase, ou seja, aquele cujo sentido é definido pelo

---

O critério que usamos para definir se um complemento é verbal ou adverbial é um critério semântico, isto é, ligado ao sentido do verbo na frase. Ele é chamado de *critério de essencialidade verbal*, pois se baseia na ideia de que *apenas os complementos verbais definem o sentido essencial de um verbo*.

E, por precisarmos de um critério semântico para definir a transitividade, é claro que tal definição se torna mais subjetiva e que, por isso, pode variar de pessoa para pessoa. Veja o exemplo do verbo "morrer" nas frases abaixo:

a. Maria morreu para mim.
b. Maria morreu de pneumonia.
c. Maria morreu de rir de sua piada.

Nas gramáticas tradicionais, o verbo "morrer" é dado como intransitivo. Eu penso que não é sempre assim. Em "morreu para mim", é claro que "morrer" não é "falecer", "perder a vida". Quem define isso é o complemento. Em "morrer de rir de sua piada", também é claro que não se trata de "falecer" e, mais uma vez, é o complemento "de rir de sua piada" que define isso. Mas, em "morrer de pneumonia" o sentido é "falecer". Então, alguns diriam que, nesse caso, trata-se de um complemento adverbial de causa (ou *adjunto adverbial*, para usar a terminologia tradicional). Pois eu ainda continuo achando que não é adverbial, mas complemento verbal. Para mim, é o complemento "de pneumonia" que define que morrer é, sim, "falecer" nessa frase. Qual posição está correta? Como o critério é semântico, acho que as duas estão corretas. Eu enxergo uma transferência de sentido do complemento para o verbo que outra pessoa pode não enxergar. Normal! Uma análise semântica pode variar dependendo dos sentidos que os analistas captam na estrutura.

complemento, está funcionando como *verbo transitivo*. Aquele que aparece sem uma relação essencial com um complemento, isto é, aquele cujo complemento não define seu sentido estrito ou que sequer tem complementos na frase, é chamado de *verbo intransitivo*.

> Deixe isso bem claro para seus alunos: nenhum verbo "é", por si só, transitivo ou intransitivo. A transitividade é uma circunstância assumida temporariamente pelo verbo no ambiente da frase. Logo, ele pode *estar ou não estar funcionando como transitivo ou intransitivo* em determinada estrutura.

Vale lembrar seus alunos que um tipo de complemento não exclui o outro na estrutura, ou seja, que um verbo transitivo (o que aparece com complementos verbais) também pode ser associado, na mesma frase, a complementos adverbiais (ou seja, complementos com ideias adicionais) que ajudam na expressão global do pensamento da frase, mas que não atuam definindo o sentido mais essencial do verbo.

Verbos que fazem ligações entre o sujeito e o complemento – verbos de ligação

Um tipo bem interessante de verbo transitivo em nossa língua é o chamado *verbo de ligação*. Sim, o verbo de ligação também é um verbo transitivo. Analise os exemplos que seguem: nos primeiros quatro, não interessa se o sujeito é masculino singular ou plural, feminino singular ou plural, o complemento verbal simples nunca muda em função do sujeito. Nos quatro últimos, com *verbos de ligação*, o complemento é afetado pelo gênero e pelo número do sujeito:

> Alguns gramáticos antigos chamavam o verbo de ligação de *verbo translúcido*. Não é um nome muito científico, mas gosto dele porque é "poético" e demonstra que o verbo deixa a concordância nominal "passar por ele" como a luz passa, por exemplo, pelo vidro, que é translúcido. Assim, essa concordância atravessa o verbo de ligação e acaba chegando até o complemento verbal (que, nesse caso, é chamado, tradicionalmente, de *predicativo*).

a. O <u>cachorro</u> mordeu o <u>menino</u>.
b. Os <u>cachorros</u> morderam o <u>menino</u>.
c. A <u>cadela</u> mordeu o <u>menino</u>.
d. As <u>cadelas</u> morderam o <u>menino</u>.

212 Morfologia para a educação básica

e. Aquele cachorro é perigoso.
f. Aqueles cachorros são perigosos.
g. Aquela cadela é perigosa.
h. Aquelas cadelas são perigosas.

Observou como há uma diferença no comportamento do *complemento em relação ao sujeito* nos dois grupos de exemplos e que isso é decorrente do tipo de verbo? Portanto, o que diferencia esses dois tipos de verbos transitivos (*transitivos simple*s e *transitivos de ligação*) é o fato de que um *transitivo simples bloqueia o domínio sintático do sujeito em relação ao complemento*, enquanto *o verbo de ligação não bloqueia esse domínio, criando uma posição concordante (com base no sujeito) no complemento verbal.*

Só para lembrar algo que já vimos lá atrás: quando um verbo está funcionando como um verbo de ligação ele não consegue funcionar em locuções verbais com particípio.

Vamos ao nosso quadro-resumo sobre o funcionamento dos verbos nas frases?

- Verbos não são a base gramatical da frase portuguesa (os nomes é que são), mas começar a análise sintática de uma frase por eles é mais fácil, pois eles "denunciam", apontam, a estrutura frasal básica existente.
- Podemos destacar dois tipos de frases em português: frases sem verbos (frases nominais) e frases com verbos (frases verbais ou orações).
- Quando estão nas frases, os verbos podem estar ligados a sujeitos (verbos pessoais) e concordar com eles ou estar funcionando sem sujeito (verbos impessoais).
- Quando estão nas frases, os verbos podem funcionar sem complemento verbal (intransitivos), com complemento verbal (transitivos) e, neste último caso, ainda podem ser de dois tipos: apenas transitivos (não deixam a concordância do sujeito passar para o complemento) ou transitivos de ligação (deixam a concordância do sujeito passar para o complemento).
- Complementos adverbiais não interferem na transitividade dos verbos.

Com todo esse conhecimento sobre verbos, chegou a hora de estudar com seus alunos os advérbios. Tudo pronto por aí?

Advérbios

ALGUMAS RAZÕES PARA ESTUDAR E ENSINAR ESTE CONTEÚDO: Advérbios constituem uma classe semanticamente muito complexa em português e com comportamento sintático muito peculiar. Logo de início, é uma classe que não participa do sistema de concordância da língua. Depois, tem a peculiaridade de apresentar enorme quantidade de locuções e expressões. Isso, por si só, é bem diferente das classes que já estudamos até aqui. Além da confusão comum – que os alunos costumam fazer – entre adjetivos e advérbios, a importância comunicacional desta classe justifica seu estudo detalhado e atento por seus alunos.

Até aqui, você estudou com seus alunos as classes de palavras do português que se flexionam, ou seja, as classes nominais (nome e nominais adjetivos) e os verbos. Agora vamos começar o estudo das classes chamadas de "invariáveis", ou seja, das classes que não se flexionam e, portanto, que não apresentam *formas desinenciais*: são os *advérbios* e os *conectivos*. Neste tema, vamos começar pelos advérbios.

Dizer que os advérbios são "invariáveis" não significa dizer que as palavras que estão funcionando nessa classe nunca mudam de formato.

Por sua vez, como se verá adiante, quando as palavras estão funcionando como *conectivos*, elas não aceitam nem derivação. Ou seja, não mudam de formato mesmo, e essa já é uma diferença morfológica importante entre os conectivos e os advérbios.

214 Morfologia para a educação básica

Elas podem mudar, sim, mas apenas por *derivação*, ou seja, quando você acrescenta a elas *afixos* (prefixos ou sufixos). Vamos observar palavras funcionando como advérbios em pequenas frases:

a. O professor aprecia *muito* seus alunos.
b. Pode fazer o que mandei *agora*, seu moleque!
c. O rapaz combinou que encontraria com a namorada *de noite*.

Veja como essas palavras podem passar por derivação:

a'. O professor aprecia *muitíssimo* seus alunos.
b'. Pode fazer o que mandei *agorinha*, seu moleque!
c'. O rapaz combinou que encontraria com a namorada *de noitão*.

As modificações *muito>muitíssimo, agora>agorinha, noite>noitão* foram feitas por derivação. Porém, *não se consegue aplicar flexão a essas palavras*, simplesmente porque não existem desinências em português para advérbios (nem conectivos).

Outra coisa interessante é que a classe dos advérbios é muito variada em seus sentidos, tanto que é até difícil dizer especificamente quais coisas do mundo os advérbios representam. Normalmente, dizemos que os advérbios representam *circunstâncias* e *propriedades*. Outros, mais específicos, dizem que os advérbios representam *propriedades de eventos* e *propriedades de propriedades*. Ou seja, são sentidos tão variados que não podem ser definidos em um só conjunto. Por isso, não devemos cair no erro de tentar classificar os advérbios pelo sentido costumeiro: precisamos de critérios morfológicos e sintáticos para isso.

> Como se faz tradicionalmente nos livros didáticos e gramáticas normativas: "advérbio disso", "advérbio daquilo", advérbio daqueloutro" e, então, aparecem as listas para decorar. Isso não funciona!
>
> Primeiro que um mesmo advérbio pode ter sentidos bem diferentes em contextos e cenários diferentes. Segundo, porque uma palavra pode ser advérbio em uma estrutura e ter outra função em outra.
>
> Então, quando fazemos os alunos decorarem listas de palavras como se essas listas funcionassem em quaisquer frases, acabamos induzindo esses alunos ao erro na hora de uma análise gramatical.

Ademais, a classe dos advérbios não apresenta subclasses funcionais. Como disse, até podemos, com algum esforço e muita fé, dividir os advérbios em grupos segundo seu sentido, usando termos como advérbio "de tempo", "de negação", "de modo", "de intensidade", "de lugar", "de companhia" etc., mas *seu funcionamento será idêntico na estrutura da frase* e, logo ali adiante, em outra frase, eles já podem pular fora dessa tal subclasse semântica e aparecer com outro sentido. Então, essa classificação pelos sentidos apenas, como sempre, será subjetiva, imprecisa, problemática, pois vai depender do sentido que se dá à frase, o que muda de situação para situação e, até, de pessoa para pessoa. Veja o seguinte par de exemplos:

a.
– Você vai comigo à padaria?
– Agorinha... já estou lá na porta esperando!

b.
– Você vai comigo à padaria?
– Vou agorinha: espere só eu trocar de roupa.

Pense nos usos do advérbio "agorinha" em cada um dos exemplos. No primeiro, imaginando a possibilidade de um uso irônico, o advérbio parece ser claramente de negação: "não vou!". No segundo exemplo, parece dar ideia de tempo: "daqui a pouco", "em pouco tempo". É a mesma palavra, usada na mesma função, mas em frases diferentes e com sentidos totalmente diferentes. De que grupo semântico esse advérbio "agorinha" é, afinal? Pode ser de vários, dependendo do sentido associado a ele na frase em que apareça.

Isso é extremamente comum em todas as línguas naturais: uma mesma palavra mudar de sentido de uma situação para outra. Por isso, como disse no box anterior, não há nenhuma razão relevante – ou seja, é pura perda de tempo – decorar listas de advérbios segundo seus tipos tradicionais (tempo, modo, lugar, intensidade, companhia, instrumento etc.). O ideal é analisar o sentido que ele tem em cada situação e identificar qual seria o rótulo mais apropriado para cada sentido.

Então, *mais importante do que rótulos de sentido é ser capaz de identificar os advérbios em funcionamento*. Vamos, portanto, para nosso quadro-resumo dos advérbios:

216 Morfologia para a educação básica

Quadro descritivo da classe adverbial

Classes e subclasses		Características	Combinam com
Classe adverbial	Advérbios	• Não são marcados nem em gênero, nem em número, nem em pessoa e não aceitam flexão [aqui/ não/ geralmente]. • Ligam-se às palavras sem qualquer tipo de concordância [não gostei/ não gostamos]. • Aceitam derivação.	• Verbos • Nominais que funcionem como adjetivos • Advérbios

QUAIS SÃO AS CARACTERÍSTICAS DOS ADVÉRBIOS?

Com base no quadro, comece ressaltando, para seus alunos, a morfologia dos advérbios e fazendo diferença entre essas palavras e as demais que ele já conhece. As duas classes nominais são, em nossa língua, aquelas que têm marca de *gênero*, e a classe verbal é aquela que tem marca de *tempo*. E os advérbios? São uma classe que não tem marca alguma, que *não possuem desinência nem conseguem se flexionar*. Essa já é uma dica importante que deve ser memorizada.

Depois, proponha que pensem nas combinações que os advérbios conseguem fazer nas frases. Você já sabe que qualquer palavra que se ligue a um nome vai ter que se flexionar para concordar com ele. Mas e os advérbios? Eles não têm

> Lembrou? Toda palavra adjetiva que se liga a um nome (base) tem que combinar em gênero e número com ele (e, se for um pronome possessivo, em pessoa). Se for uma palavra verbal, tem que concordar em número e pessoa.

formas desinenciais e, portanto, não podem se flexionar. Ou seja, advérbios não podem realizar o tipo de combinação que os nomes exigem. Logo, eles não podem se ligar a nomes! É por isso que *não temos advérbios ligados a nomes no português*. Outra ótima dica para guardar na memória.

Então, com quais palavras os advérbios podem se ligar? Apenas com palavras que não exijam mudanças nas outras com que elas se liguem. É exatamente o caso destas palavras:

a. **verbo** – ele concorda com o nome ao qual se liga, mas não exige concordância das palavras que se ligam a ele;

b. **nominais adjetivos** – eles concordam com o nome, mas não exigem concordância de qualquer palavra que se ligue a eles; e

c. do próprio **advérbio** – este nem concorda com outras palavras e nem exige concordância.

Ou seja, *só temos, em português, advérbios ligados a verbos, nominais adjetivos e outros advérbios*. Essa é uma dica da qual seus alunos não podem esquecer!

Finalmente, precisamos notar que os advérbios não conseguem funcionar sozinhos, isolados, em uma frase. *Advérbios sempre estão ligados a uma palavra*. A única situação em que um advérbio aparece "sozinho" é se ele está sendo usado, por exemplo, como uma resposta a uma pergunta que já deixe subentender a palavra que o gerou. Algo como o que ocorre nestes exemplos:

a.
– Quando você chega de São Paulo?
– De noite. (que significa: eu <u>chego de noite</u>)

b.
– Sua mãe come pra valer?
– Muito... (que significa: ela <u>come muito</u>)

c.
– Sua namorada nova é bonita?
– Demais! (que significa: é <u>bonita demais</u>)

Vamos juntar as nossas quatro dicas importantes em um quadro-resumo?

- Advérbios nunca se flexionam. Não existem advérbios no masculino ou no feminino nem se flexionando em pessoa ou em tempo. Advérbios também não têm morfemas implícitos de pessoa no radical.
- Não existem advérbios ligados a nomes em português.
- Os advérbios nunca ocorrem sozinhos, isolados em uma estrutura.
- Portanto, os advérbios sempre estarão ligados a um verbo, a um nominal adjetivo ou a outro advérbio.

Se prestar atenção nessas quatro características dos advérbios, você vai conseguir identificar todos eles nas frases. Mas, antes de aprender a fazer isso, você precisa aprender em quais formatos os advérbios ocorrem.

QUAIS OS FORMATOS DOS ADVÉRBIOS NO PORTUGUÊS?

A estrutura dos advérbios é bem complexa no português. Temos advérbios nos seguintes formatos:

1. **simples** – uma só palavra;
2. **locuções adverbiais** – duas ou três palavras de uso consolidado e comum na língua;
3. **expressões adverbiais** – composições complexas e ocasionais de palavras; e
4. **orações adverbiais** – composições complexas e ocasionais de palavras, mas com a presença de um verbo em sua estrutura.

Vamos ver alguns exemplos em que podemos apontar os sentidos aproximados de cada advérbio:

1. **Advérbios simples**:
   a. Hoje, consegui aprender o que são advérbios! (sentido de tempo)
   b. Não gosto de comer peixe cru... (sentido de negação)
   c. Esse carinha fala muito! (sentido de quantidade)
   d. O melhor para você morar é aqui. (sentido de lugar)

2. **Locuções adverbiais**:
   e. Esse aluno só chega de tarde na escola. (sentido de tempo)
   f. Vê se faz essa massagem com jeitinho... (sentido de modo)
   g. Esse tal de José é rico "pra" caramba! (sentido de quantidade)
   h. Por que você não faz seu trabalho com capricho? (sentido de modo)

3. **Expressões adverbiais**:
   i. Eu guardei o dinheiro no fundo da primeira gaveta da cômoda. (sentido de lugar)

j. Esse cara é irritante <u>como piolho seco em cabeça de careca</u>. (sentido de intensidade)

k. <u>Na hipótese do fim do mundo hoje</u>, eu aceito namorar com você. (sentido de possibilidade)

l. O João está marrento <u>como boi doente trancado no curral</u>. (sentido de intensidade)

4. Orações adverbiais:

m. Eu não vou <u>nem que o papa me *peça* perdão</u>. (sentido de impossibilidade)

n. <u>Quando meu pai *chegar* de viagem</u>, a gente conversa. (sentido de tempo)

o. O negócio se acabou <u>porque nos *roubaram*</u> mais do que o Ali Babá. (sentido de causa)

p. Vê se termina isso <u>antes que o patrão *chegue*</u>! (sentido de tempo)

Como você viu nos exemplos, existem vários tipos diferentes de estruturas que funcionam como advérbios. Aqui, nos estudos de morfologia, vamos focar nos advérbios simples, nas locuções e expressões adverbiais. Quando estivermos estudando sintaxe, vamos aprender mais sobre as orações adverbiais.

Então, agora vamos aplicar tudo o que seus alunos já sabem sobre advérbios para identificar essas palavras nas frases.

FAZENDO TESTES PARA IDENTIFICAR OS ADVÉRBIOS NA FRASE

Com base nas características do advérbio (que aparecem nas dicas de nosso quadro-resumo ali atrás), que tipos de testes você pode ensinar seus alunos a fazer para que eles consigam identificar os advérbios em uma frase de forma segura? Basicamente dois:

1º teste – verificar a qual palavra está ligada à palavra que se vai testar. Se estiver ligada a um nome, esqueça: não é advérbio. Se estiver ligada a um verbo, a um adjetivo ou a um advérbio, pode passar para o segundo teste, o teste de confirmação.

220 Morfologia para a educação básica

2° teste – verificar se a palavra se flexiona quando fazemos alterações de gênero ou número na frase, especialmente na palavra à qual o possível advérbio está ligado. Se houver modificação na palavra em análise (flexão), não é advérbio. Se ela não mudar de jeito nenhum, é advérbio.

Vamos para os exemplos:

a. Meu primo comeu *muito* doce ontem à noite. (quero testar a palavra "muito")

1° teste – a qual palavra a palavra "muito" está ligada? Estou em dúvida... Não sei se é a "comeu" ou a "doce"... Então, passo para o outro teste:

2° teste – vou fazer umas mudanças na frase, nas palavras às quais desconfio que "muito" pode estar ligada:

a'. Meu primo comeu *muitos* <u>doces</u> ontem à noite. (alterei "doce" em número)

a''. Meu primo comeu *muita* <u>gelatina</u> ontem à noite. (troquei a palavra "doce" por uma feminina – "gelatina")

O que ocorreu? Quando mudei a palavra "doce" em número e quando troquei a palavra "doce" por uma feminina, a palavra "muito" se flexionou. Não é advérbio: é um nominal adjetivo (indicando quantidade) e está mesmo ligada à palavra "doce".

b. Eu gosto *muito* de doce na hora de dormir. (quero testar, novamente, a palavra "muito")

1° teste – a qual palavra "muito" está ligada? Acho que é ao verbo "gosto". Isso dá uma margem para ser advérbio... Então, passo para o outro teste para confirmar.

2° teste – vou fazer umas mudanças na frase, nas palavras ao redor de "muito", para ver se há flexão:

b'. Nós gostamos *muito* de doce na hora de dormir.

b''. Eu gosto *muito* de gelatina na hora de dormir.

b'''. Eu gosto *muito* de doces na hora de dormir.

O que ocorreu? Com nenhuma mudança que eu tenha feito nas palavras ao redor de "muito", esta palavra não se flexionou. É uma palavra invariável ligada a um verbo. Tenho certeza de que é advérbio.

c. Arrumei uma namorada *muito* linda! (quero testar, mais uma vez, a palavra "muito")

1º teste – a qual palavra a palavra "muito" está ligada? Acho que é ao adjetivo "linda". Mas e se for a "namorada"? Então, passo para o outro teste para confirmar.

2º teste – vou fazer umas mudanças na frase, nas palavras ao redor de "muito", para ver se há flexão:

c'. Arrumei umas namoradas *muito* lindas!

c''. Arrumei uns cachorros *muito* lindos!

O que ocorreu? Com nenhuma mudança que eu tenha feito, nem de número nem de gênero, "muito" não se flexionou. É uma palavra invariável ligada a um nominal adjetivo. Tenho certeza de que é advérbio.

d. Tomara que a Maria esteja *bem* aqui amanhã de manhã. (quero testar a palavra "bem")

1º teste – a qual palavra a palavra "bem" está ligada? Acho que é ao advérbio "aqui". Mas e se for ao verbo "esteja"? Daí nos dois casos poderia ser um advérbio... Na dúvida, passo para o outro teste para confirmar.

2º teste – vou fazer umas mudanças na frase, nas palavras ao redor de "bem", para ver se há flexão:

d'. Tomara que nós estejamos *bem* aqui amanhã de manhã.

d''. Tomara que o João esteja *bem* aqui amanhã de manhã.

d'''. Tomara que a Maria esteja *bem na feira* amanhã de manhã.

O que ocorreu? Com nenhuma mudança que eu tenha feito em d' e d'', "bem" não se flexionou. E quando eu troquei a palavra "aqui" pela locução "na feira", em d''', a palavra "bem" já não ficou legal. Então, isso confirma que "bem" está mesmo ligada a "aqui". É uma palavra invariável ligada a um advérbio. Tenho certeza de que é advérbio.

Agora que você já conhece os advérbios, vamos passar para o quadro dos conectivos.

Viu como funciona? É preciso reforçar com seus alunos que é isso, ou seja, esse *procedimento sistemático de testagem de hipóteses em uma língua*, que se chama *análise gramatical ou análise linguística*. É isso que esperamos que ele faça, pois é isso que vai desenvolver a inteligência dele e uma visão funcional da língua que ele fala. Nada de adivinhação nem de decoreba. Se queremos saber se uma palavra está funcionando em uma ou em outra classe, fazemos os *testes necessários usando as características dessas palavras*, ou seja, fazemos uma *análise*.

Conectivos
(preposições e conjunções)

ALGUMAS RAZÕES PARA ESTUDAR E ENSINAR ESTE CONTEÚDO:

A presença de conectivos é uma das mais relevantes características de uma língua de *estrutura analítica*, como é o português (e totalmente diferente, por exemplo, do latim). Nas gramáticas tradicionais, os conectivos de nossa língua são tratados separadamente ("preposições" e "conjunções"). Aqui, veremos que não há razão funcional para esse tratamento em separado. Também veremos quais são as importantíssimas propriedades funcionais dos conectivos em português, sem os quais, por exemplo, não poderíamos construir certos tipos de sintagmas com nomes ligados a nomes.

É certo que seus alunos já ouviram e estudaram várias vezes que, no português, teríamos dois tipos de conectivos:

a. *preposições*, que ligariam palavras e termos entre si; e
b. *conjunções*, que ligariam orações entre si.

Aliás, nas gramáticas tradicionais aparece uma farta subclassificação dessas palavras segundo os pretensos tipos de preposições (essenciais e acidentais), os pretensos tipos de conjunções (coordenativas e subordinativas, com suas respectivas subclasses), entre tantas outras coisas que são ditas.

Mas é bom demonstrar a eles que, funcionalmente, essas diferenças não existem e nem faz sentido decorar tudo isso. Em nossa língua, ocorre apenas

224 Morfologia para a educação básica

uma classe de palavras conectivas (que junta as tradicionais *preposições* e *conjunções* em uma classe só). Essa classe de *conectivos* serve, como o nome expressa, para conectar, *para ligar estruturas formadas por palavras*.

As palavras conectivas podem funcionar em três situações distintas:

1. **na dimensão morfológica** – a única situação é a de *criação de palavras compostas*, como ocorre em *pé de moleque, pôr do sol, cor-de-rosa, mais-que-perfeito* etc. (que podem ou não usar hífen, como já vimos);

Na dimensão sintática, há duas possibilidades:

2. **fazendo ligações por subordinação** – neste caso, a ligação sempre será *entre uma palavra, que funciona como base da estrutura sintática, e a parte que se liga a essa palavra, seja um termo (estrutura sintática sem verbo) ou uma oração (estrutura sintática com verbo)*. Exemplos:
   a. A <u>bicicleta</u> *de* <u>Maria</u> é cor-de-rosa.
   b. João <u>queria</u> *que* <u>seu pai lhe comprasse um videogame novo</u>.

3. **por coordenação** – neste caso, poderemos ter ligações *entre termos (estrutura sintática sem verbo) ou entre orações (estrutura sintática com verbo)*.
   a. Ontem, encontramos com <u>João</u> *e* <u>Antônio</u>.
   b. <u>Você acaba logo com essa demora</u> *ou* <u>vamos conversar de outra maneira</u>...

Outro aspecto importante dos conectivos é que, embora eles não se flexionem nem aceitem derivação, alguns deles comumente aceitam combinações e contrações com outras palavras.

Observe algumas contrações comuns entre conectivos e outras palavras (o quadro traz apenas algumas das contrações e combinações possíveis, pois são muitas):

> E pesquisas realizadas por mim na década de 1990 já demonstravam que muitas pessoas, mesmo entre alunos universitários, não conseguem identificar que há duas palavras nessas combinações ou contrações. Ou seja, é bem possível que muitos de seus alunos não consigam enxergar os conectivos nesses lexemas e, por isso, acabem realizando análises erradas quando eles aparecem. Por isso, você precisa mostrar a eles essas combinações e contrações e pedir que estejam muito atentos para não achar que existe apenas uma palavra onde, na verdade, estão duas palavras contraídas, sendo uma delas de natureza gramatical e causando interferência na estrutura da frase.

Conectivo		Outras palavras (classe em que normalmente funcionam)		Resultado
a	+	a (artigo)	=	à
a	+	o (artigo)	=	ao
a	+	aquele, aquela, aquilo (pronome)	=	àquele, àquela, àquilo
de	+	a, o (artigo)	=	da, do
de	+	um, uma (artigo)	=	dum, duma
de	+	aquele, aquela, aquilo (pronome)	=	daquele, daquela, daquilo
de	+	este, esta, isto (pronome)	=	deste, desta, disto
de	+	esse, essa, isso (pronome)	=	desse, dessa, disso
em	+	a, o (artigo)	=	na, no
em	+	aquele, aquela, aquilo (pronome)	=	naquele, naquela, naquilo
em	+	este, esta, isto (pronome)	=	neste, nesta, nisto
em	+	esse, essa, isso (pronome)	=	nesse, nessa, nisso
em	+	um, uma (artigo)	=	num, numa
per	+	a, o (artigo)	=	pela, pelo
para	+	o (artigo)	=	pra, pro

Quando fazemos uma análise de uma frase ou mesmo uma análise morfológica, precisamos estar atentos para separar essas combinações e contrações caso elas apareçam.

Com isso em mente, vamos ao nosso quadro descritivo dessa classe de palavras.

Quadro descritivo da classe dos conectivos

Classes e subclasses		Características	Combinam com
Classe conectiva	Conectivos (englobam as tradicionais preposições e conjunções)	• Não são marcados em gênero nem em número, nem em pessoa. • Ligam palavras ou partes a outras palavras ou partes da construção sintática – por isso são chamados "conectivos". • Não aceitam derivação. • Comumente aceitam contrações e combinações. • Indicam relações específicas entre as partes da estrutura.	• Ligam nomes, nominais adjetivos, verbos e advérbios a outras partes da estrutura sintática, ou partes complexas da estrutura entre si.

COMO IDENTIFICAR OS CONECTIVOS NA FRASE

Os conectivos exercem funções muito importantes na língua. A primeira e mais óbvia delas é a de definir alguma *ideia específica de relação* entre as palavras ou partes da estrutura sintática. Um mesmo conectivo pode realizar diferentes operações semânticas entre partes diferentes. Um dos mais polivalentes em português é o conectivo "de". Teste se seus alunos conseguem identificar o sentido das operações semânticas nas ligações a seguir. Veja que todas elas têm sentidos diferentes e que só temos aqui uns poucos exemplos do uso do conectivo "de":

a. perna *d*a mesa (que faz parte)
b. cara *de* pau (que parece com)
c. casa *de* pau (que é feito de)
d. carro *de* João (que pertence a)
e. aluno *d*a escola (que está vinculado a)
f. livro *de* português (que tem o conteúdo relativo a)
g. professor *de* português (que ensina um certo conteúdo)
h. menino *de* recado (que serve para fazer algo)

Chame a atenção de seus alunos para o fato de que a primeira forma de identificar um conectivo é justamente pelo fato de que ele estabelece uma *relação* entre duas outras partes da estrutura e não se refere às coisas do mundo: não é nome de nada, não é propriedade de nada, não é evento e nem tem sentidos adverbiais como circunstâncias ou propriedades de eventos.

A segunda função que os conectivos exercem é a de ligar algumas partes da estrutura que não podem se ligar diretamente às outras. Como assim? Observe atentamente a explicação que segue.

Já vimos aqui que qualquer palavra que se liga a um nome tem que concordar com ele. Então, como fica a estrutura gramatical se eu tiver que ligar dois nomes um ao outro? Os dois vão querer funcionar como base de concordância, ou seja, os dois vão querer que o outro é que concorde, que o outro é que mude, que o outro se flexione. Vai dar "briga gramatical"! Aí é que entra o conectivo e "faz as pazes" entre as palavras, protegendo um nome do outro.

Por exemplo, digamos que eu queira ligar as palavras "João" e "carroças", para dizer que as carroças são do João. Não posso ligar as duas diretamente, pois são dois nomes e nem combinam direito, pois um é *masculino* e *singular* e outro é *feminino* e *plural*. Também não tenho como transformar um deles em adjetivo. Falar de "carroças joaninas", se isso fosse possível de entender, não seria a mesma coisa que dizer que as carroças pertencem ao João. Então, a solução que a língua criou para casos assim e assemelhados a esse é que posso usar um conectivo (no caso específico de indicar relação de posse, devo usar "de"). Ele indicará a relação de que "João possui as carroças" e ainda vai impedir que um nome interfira na flexão do outro.

A solução fica assim: "As carroças *de* João", em que o conectivo "de" exerce uma dupla função:

a. indica a relação de posse (uma função ligada ao *sentido* da estrutura); e

b. impede que um nome interfira na flexão de outro nome (uma função ligada às regras da *gramática* da estruturação sintática).

> Em casos como este, em que o conectivo evita a "briga gramatical" entre dois nomes ("João" e "carroças"), dizemos que o conectivo está funcionando como *bloqueador de concordância*. Essa é a principal função gramatical dos conectivos quando eles estão relacionados a nomes.

A função de bloqueio de concordância exercida pelos conectivos é tão forte que pode até afetar certas estruturas com verbos. Veja estes casos:

a. Nós compramos este doce *para* comer.

b. Nós gostaríamos *de* saber o que está acontecendo.

Por que não é "compramos este doce para *comermos*" nem "gostaríamos de *sabermos*", se os sujeitos estão na primeira pessoa do plural (nós)? Simples: os conectivos "para" e "de" estão bloqueando a concordância que passaria dos sujeitos para esses verbos.

Já em outras estruturas, um nome (ou uma parte) não interfere no outro. Veja:

a. Gosto de chocolate e de uva. (Não há interferência porque entre o verbo e o nome que o complementa não há exigência de concordância)

b. Ele caiu, mas levantou ligeiro. (Da mesma forma, não há interferência porque entre uma oração e outra não há exigência de concordância)

Observe que nas relações entre as palavras "gosto" (verbo), "chocolate" (nome) e "uva" (nome) não há qualquer interferência entre uma e outra, já que uma não exige qualquer mudança por flexão na outra. O conectivo "de" apenas indica uma relação de sentido específica. Da mesma forma, o conectivo "e" relaciona as palavras "chocolate" (nome) e "uva" (nome).

Ainda, no segundo exemplo, o conectivo "mas" relaciona a primeira parte "ele caiu" com a segunda "levantou ligeiro", dando uma ideia de "algo inesperado", "algo que sur-preendeu". Nesse caso, não havia qualquer possibilidade de uma parte interferir gramaticalmente na outra; apenas era necessário expressar a ideia de que há um tipo específico de relação entre essas partes.

Será excelente se seus alunos puderem compreender como fun-ciona a atuação dos conectivos, porque isso interfere enormemente nos estudos sintáticos posteriores.

> Nesses casos, a ação dos conectivos *de*, *e* e *mas* não apresenta a função sintática (gramatical) de "proteger" as palavras, de bloquear concordância, mas apenas a função de ligar com um *sentido* em especial. Nessa situação, dizemos que o conectivo está funcionando apenas como *operador semântico*, ou seja, que ele está realizando uma operação de sentidos (como se fosse uma operação matemática) entre as partes que ele liga.

Ainda, pode-se chamar a atenção deles para o fato de que uma grande economia é possível com o uso dos conectivos, pois eles permitem vários tipos de operações semânticas diferenciadas entre partes diferentes, de dife-rentes naturezas e complexidade, inclusive sendo um conjunto de palavras e até se usando o mesmo conectivo para definir várias relações distintas.

Vamos ao nosso quadro-resumo dos conectivos?

- Não são marcados em gênero nem em número, nem em pessoa.
- Ligam (conectam) palavras ou partes a outras palavras ou outras partes da construção sintática – por isso mesmo são chamados "conectivos".
- Não aceitam derivação.
- Comumente aceitam contrações e combinações.
- Indicam relações específicas entre as partes da estrutura e, por isso, atuam como *operadores semânticos*.
- Quando necessário, atuam como *bloqueadores de concordância*, especialmente quando realizam uma ligação entre nomes.
- São uma classe relativamente pequena de palavras, embora cada uma dessas palavras possa exprimir uma quantidade muito variada de sentidos.

Vamos, agora, estudar um grupo de construções que, às vezes, até parecem palavras, mas que, na verdade, não exercem nenhuma função gramatical em nossa língua.

Palavras e expressões que não exercem funções gramaticais (as pseudopalavras ou interjeições)

ALGUMAS RAZÕES PARA ESTUDAR E ENSINAR ESTE CONTEÚDO: Nossa língua contempla um conjunto significativo de expressões que não assumem funções sintáticas e que, portanto, não podem ser classificadas propriamente como palavras. Isso não significa que não sejam expressões importantes, mas apenas que elas não participam do sistema sintático da língua. Infelizmente, as gramáticas tradicionais tratam essas expressões como se fossem uma classe de palavras. Neste tema, poderemos compreender melhor essas expressões e esclarecer essa confusão que aparece nas gramáticas normativas.

Finalmente, temos algumas palavras (ou expressões... ou sons...) na língua que não exercem qualquer função gramatical e, por isso, não se ligam a qualquer outra palavra. Ou seja, essas formas não fazem parte da estrutura sintática, ocorrem "soltas" e sua finalidade é apenas a de expressar alguns tipos de sentimentos.

Essas formas são tradicionalmente chamadas de interjeições (que podem, também, ser chamadas de "expleções"), mas não podem, coerentemente, ser chamadas de *palavras*, pelo menos não de *palavras funcionais*. Afinal, você deve se lembrar de nosso critério básico para que uma forma linguística possa atuar na gramática da língua, seja uma forma infralexical, seja uma palavra ou até uma estrutura sintática complexa: ela tem que ter *sentido* e *função*, e isto (ou seja, função) é justamente o que as expleções não têm.

230 Morfologia para a educação básica

Assim, por não exercer nenhuma função na estrutura sintática, as expleções podem entrar praticamente em qualquer posição em nossa fala, a menos que seja uma posição em que elas interfiram na compreensão da estrutura de outra formação. Veja os exemplos:

a. Afff!!! Eu não aguento mais esses impostos!
b. Eu – afff!!! – não aguento mais esses impostos!
c. Eu não aguento mais – afff!!! – esses impostos!
d. Eu não aguento mais esses – afff!!!... – impostos!
e. Eu não aguento mais esses impostos! Afff!!!

Veja que "afff!!!" não tem nem estrutura morfológica definida. Algumas expleções, inclusive, nem parecem "palavras": são gritos, gemidos ou suspiros.

Por outro lado, podemos usar como expleções palavras conhecidas que, normalmente, usamos em outras classes. Mas, nesse uso, elas não vão fazer parte da estrutura sintática e ficam igualmente "soltas".

Expressões como "Misericórdia!", "Virgem Maria!", "Minha nossa!", por exemplo, quando indicam a expressão de sentimentos súbitos, repentinos, funcionam apenas como expleções. Quando eu era menino (olha que já faz tempo isso...), na pequena cidade interiorana em que vivíamos, havia uma senhora de idade que, toda vez que ficava furiosa, gritava "desgraça pelada!". Ou seja, para ela, "desgraça pelada!" era uma

> Cá entre nós, muitas vezes, usamos "palavrões" para expressar nossos sentimentos súbitos. Por exemplo, um palavrão dito na hora em que chutamos o pé do sofá aparece "solto", sem qualquer ligação sintática com a estrutura gramatical da frase. Mas vê se não vai contar isso para seus alunos, senão vão dizer que somos mal-educados...

forma expletiva. Com o tempo, ela passou a ser chamada de "Dona Desgraça Pelada", mas aí, o valor já era nominal.

Por isso mesmo, esse tipo de construção (seja um suspiro, um gemido, um grito disforme, uma palavra que seria normal em outra classe, enfim, qualquer forma de expressão oral de sentimentos) nem é considerado aqui como "palavra de verdade": é apenas uma pseudopalavra que não exerce uma função sintática na frase, mas apenas atua como uma forma de comunicação específica que não é sempre exatamente "linguística" (como quando suspiramos para indicar tristeza, por exemplo).

E vale a pena chamar a atenção dos alunos para o fato de que temos muitas formas não linguísticas que usamos mescladas com a estrutura sintática da língua para expressar nossos sentimentos. É só reparar que temos outras formas de comunicação que fazem parte de nossa linguagem, como os gestos com as mãos, os olhares ou um "biquinho" pedindo um beijo, mas que também não fazem parte da estrutura de nossa língua. De toda forma, convém trazer um quadro descritivo dessas pretensas palavras aqui:

Quadro descritivo das pseudopalavras (palavras expletivas)

Classes e subclasses	Características	Combinam com
Outras construções, algumas delas assemelhadas a palavras, mas sem função gramatical — As tradicionais "interjeições"	• Não possuem qualquer marca morfológica ou regra de combinação, pois não tomam parte da construção gramatical da língua, nem morfológica, nem sintaticamente. Sua construção é livre e, muitas vezes, não passam de gemidos, gritos e suspiros.	• Não se ligam a palavra alguma.

Muito bem. Ao encerrarmos as classes de palavras e suas propriedades, peça a seus alunos que guardem em mãos esses quadros descritivos das classes de palavras e que lembrem deles com carinho, pois tais quadros serão úteis muitas vezes quando eles iniciarem sua jornada pela sintaxe.

As ligações básicas entre palavras no português brasileiro

ALGUMAS RAZÕES PARA ESTUDAR E ENSINAR ESTE CONTEÚDO: Agora que seus alunos já conhecem as palavras e expressões do português e – o que é igualmente importante – as propriedades dessas palavras e expressões, eles já podem começar a aplicar essas propriedades na compreensão do sistema sintático da língua. Assim, neste tema, estudaremos as formas de ligação sintática permitidas em português para, no próximo tema, ver como elas estão relacionadas às propriedades das palavras que já estudamos.

Neste ponto de nosso estudo, antes que os alunos iniciem a sintaxe com mais detalhes e em maior complexidade, é muito importante que eles possam construir um quadro geral das ligações entre palavras com base em tudo o que aprendemos sobre elas, ou seja, de suas *características morfológicas, semânticas* e *funcionais*. Vamos lá?

As ligações básicas entre palavras no português brasileiro

- *Nome* + nominal adjetivo = *livro* interessante; o *livro*; meu *livro*; primeiro *livro* (ocorre concordância entre o nominal adjetivo e o nome)
- *Nome* + conectivo + nome = *livro* de João (o conectivo bloqueia a concordância entre as duas bases nominais)
- *Nome* + verbo = *livro* educa (o verbo concorda com o nome)

- *Nome* + verbo + <u>nominal adjetivo</u> = <u>livro</u> é <u>ótimo</u> (o nominal adjetivo concorda com o nome "através" do verbo)
- *Verbo* + <u>nome</u> = *ler* <u>livros</u> (o verbo não exige concordância do nome)
- *Verbo* + conectivo + <u>nome</u> = *gostar* de <u>livros</u> (o verbo não exige concordância do nome; o conectivo aparece apenas como operador semântico)
- *Verbo* + <u>advérbio</u> = *ler* <u>profundamente</u>; *ler* <u>com calma</u> (o verbo não exige concordância do advérbio. Veja como a locução "com calma" – conectivo + nome – funciona como um advérbio)
- *Nominal adjetivo* + conectivo + <u>nome</u> = *interessado* em <u>livros</u> (o nominal adjetivo não exige concordância do nome; o conectivo evita confusões sobre quem é a base e funciona apenas no campo do sentido)
- *Nominal adjetivo* + <u>advérbio</u> = *interessado* <u>demais</u>; <u>muito</u> *esperta* (o nominal adjetivo não exige concordância do advérbio)
- *Advérbio* + advérbio = <u>muito</u> *bem*; <u>mais</u> *lentamente* (o advérbio não exige concordância do outro advérbio)

Só para lembrar: *expleções* não se ligam a qualquer palavra, não assumem funções sintáticas, não são palavras "de verdade" e, por isso, não entram no nosso quadro de combinações.

Ressalte com os alunos os aspectos mais interessantes sobre nosso quadro-resumo das ligações entre palavras no português brasileiro:

a. as ligações são baseadas nas características funcionais das palavras. Em outros termos: um estudante do português precisa conhecer as características das palavras para saber com que outras palavras elas podem se combinar. Por isso, tentar ensinar análise sintática para alguém que não conhece as propriedades das classes de palavras é pura perda de tempo;

b. pode parecer pouco, mas é com base nessas combinações básicas que nós criamos todos os textos que falamos ou escrevemos em nossa língua. É nos baseando nessas poucas formas de ligação que construímos todas as frases possíveis no português. Outras formas de ligação possíveis são sempre variações dessas ou a aplicação das hierarquias de traços que já estudamos anteriormente.

Então, aqui chegamos ao final de nossos estudos de Morfologia na educação básica. Conhecendo o que este livro traz, qualquer aluno pode se dar bem nos estudos de análise sintática, pois, com esses conhecimentos de base, será muito mais fácil enxergar as relações entre as partes constituintes das frases, como elas são projetadas a partir das palavras que funcionam como núcleos e como se estabelecem possibilidades e restrições de ligação entre as palavras.

Espero que tenha gostado de nosso percurso e que ele ajude você em suas aulas, independentemente do livro didático ou apostila que você adote ou tenha que adotar. Afinal, mesmo que o livro seja normativo e a abordagem, antiga, não existe nenhuma proibição legal para que esse conteúdo não seja adicionado de mais informação e de formas interessantes de aprendizado.

Notas

"Introdução"

[1] "Gerativismo" e "Otimalismo" são duas modernas teorias linguísticas usadas em descrições profundas da estrutura gramatical das línguas humanas, mas muito pouco úteis para ensinar gramática na educação básica. Afinal, elas não foram criadas para isto, mas para outras finalidades científicas.

[2] Se você quiser conhecer em detalhes quais são os problemas desses livros, aconselho que leia: Celso Ferrarezi Jr., *Qual é o problema das gramáticas normativas*, 2. ed., Curitiba, Editora CRV, 2022.

Capítulo "As partes que compõem as palavras do português brasileiro e suas peculiaridades"

[3] Os atos de fala, segundo a Pragmática e com base nas ideias do filósofo John Austin, são atos que se concretizam pelo falar, como *mentir, mandar, pedir, jurar* etc.

Capítulo "As classes nominais: nomes e nominais adjetivos"

[4] Se você gosta de Filosofia da Linguagem, pode ler mais da obra de Frege no livro: Gottlob Frege, *Lógica e filosofia da linguagem*, trad. e seleção de Paulo Alcoforado, São Paulo, Cultrix, 1978.

[5] M. A. Kato, *A semântica gerativa do artigo definido*, São Paulo, Ática, 1974, Coleção Ensaios, nº 6.

[6] J. R. de Macambira, *A estrutura morfo–sintática do português*, São Paulo, Pioneira, 1987, Coleção Manuais de Estudo.

[7] R. Ilari (org.). *Palavras de classe fechada: gramática do português culto falado no Brasil*. São Paulo, Contexto, 2015.

Capítulo "Verbos"

[8] Trata-se do livro *O estudo dos verbos na educação básica*, publicado pela Editora Contexto em 2014.

[9] É interessante notar que a forma mais antiga era "iria": "eu iria fazer". Porém, mais recentemente, as formas *iria, iríamos, iriam* têm sido sistematicamente substituídas pelas abreviadas *ia, íamos, iam* e isso com plena manutenção do sentido temporal do futuro do passado do indicativo e mesmo na variante de prestígio da língua.

Referências

ACADEMIA BRASILEIRA DE LETRAS. *Vocabulário ortográfico da língua portuguesa*. 5. ed. São Paulo: Global, 2009.

ADOLFO, G. P. da S. *Estruturas sintáticas do português:* uma abordagem gerativa. Petrópolis: Vozes, 1983.

BAGNO, Marcos. *Preconceito linguístico:* o que é, como se faz. São Paulo: Loyola, 1999.

BASSO, R. *Descrição do português brasileiro*. São Paulo: Parábola, 2019. (Coleção Linguística para o Ensino Superior)

BORBA, F. S. *Introdução aos estudos linguísticos*. Campinas: Pontes, 1991

CÂMARA JR. J. M. *Problemas de linguística descritiva*. Rio de Janeiro: Vozes, 1970.

_____. *Princípios de linguística geral*. Rio de Janeiro: Padrão, 1989.

_____. *Estrutura da língua portuguesa*. Petrópolis: Vozes, 1991a.

_____. *Dicionário de linguística e gramática*. Petrópolis: Vozes, 1991b.

CARVALHO, R. S. de; FERRAREZI JR., C. *Produzir textos na educação básica:* o que saber, como fazer. São Paulo: Parábola, 2015.

CASTILHO, Ataliba de. *Nova gramática do português brasileiro*. São Paulo: Contexto, 2010.

CUNHA, C. F. da. *Gramática do português contemporâneo*. Belo Horizonte: Bernardo Alves, 1970.

_____. *Gramática da língua portuguesa*. Brasília: MEC/FAE, 1985.

CUNHA, C. F. da; CINTRA, L. *Nova gramática do português contemporâneo*. Rio de Janeiro: Nova Fronteira, 1985.

FERRAREZI JR., C. *Ensinar o brasileiro:* respostas a 50 perguntas de professores de língua materna. São Paulo: Parábola, 2007.

_____. *Semântica para a educação básica*. São Paulo: Parábola, 2008.

_____. *Introdução à semântica de contextos e cenários:* de la langue à la vie. Campinas: Mercado de Letras, 2010.

_____. *Guia do trabalho científico:* do projeto à redação final (monografia, dissertação e tese). São Paulo: Contexto, 2011.

_____. *Sintaxe para a educação básica*. São Paulo: Contexto, 2012.

_____. *Qual é o problema das gramáticas normativas?* Santos: Artefato Cultural, 2013.

FERRAREZI JR., C.; TELES, I. M. *Gramática do brasileiro:* uma nova forma de entender nossa língua. São Paulo: Globo, 2008.

FIORIN, José L. *Linguagem e ideologia*. São Paulo: Ática, 1993. (Série Princípios 137.)

GNERRE, Maurizzio. *Linguagem, escrita e poder*. São Paulo: Martins Fontes, 1985.

GONÇALVES, Sebastião C. L. et al. (orgs.). *Introdução à gramaticalização*. São Paulo: Parábola, 2007.

HUBER, Joseph. *Gramática do português antigo*. Lisboa: Fundação Calouste Gulbenkian, 1933.

ILARI, Rodolfo. *A linguística e o ensino de língua portuguesa*. São Paulo: Martins Fontes, 1986.

_____. *Introdução ao estudo do léxico:* brincando com as palavras. São Paulo: Contexto, 2003.

_____ (org.). *Palavras de classe fechada:* Gramática do português culto falado no Brasil. São Paulo: Contexto, 2015.

KATO, M. A. *A semântica gerativa do artigo definido.* São Paulo: Ática, 1974. (Coleção Ensaios, n° 6).
MACAMBIRA, J. R. *A estrutura morfo-sintática do português.* São Paulo: Pioneira, 1987.
MATTOS E SILVA, Rosa V. *O português são dois:* novas fronteiras, velhos problemas. São Paulo: Parábola, 2004.
NICOLA, J.; INFANTE, U. *Gramática contemporânea da língua portuguesa.* São Paulo: Scipione, 1990.
PERINI, Mário A. *Para uma nova gramática do português.* São Paulo: Ática, 1991. (Série Princípios 18)
_____. *Gramática descritiva do português.* São Paulo: Ática, 1998.
_____. *Gramática do português brasileiro.* São Paulo: Parábola, 2012.
RAPOSO, E. *Teoria da gramática:* a faculdade da linguagem. Lisboa: Caminho, 1992.
SAVIOLI, Francisco Platão. *Gramática em 44 lições.* São Paulo: Ática, 1990.
ZANOTTO, N. *Estrutura mórfica da língua portuguesa.* Caxias do Sul: Edunisul, 1986.

O autor

Celso Ferrarezi Junior é professor titular de Semântica do Instituto de Ciências Humanas e Letras da Universidade Federal de Alfenas. Também é responsável pelas disciplinas de Morfologia e Sintaxe no curso de Licenciatura em Letras – Português. É autor de vários livros dirigidos aos professores de língua portuguesa na educação básica, entre os quais podem ser citados *Sintaxe para a educação básica, O estudo dos verbos na educação básica* e *Guia de acentuação e pontuação em português brasileiro*, os três publicados pela Editora Contexto.

GRÁFICA PAYM
Tel. [11] 4392-3344
paym@graficapaym.com.br